EN BUSCA DE
PAZ

PROMESA DE DIOS PARA UNA VIDA LIBRE DE

REMORDIMIENTOS, PREOCUPACIÓN Y TEMOR

CHARLES
STANLEY

T0371383

BETANIA

Un Sello de Editorial Caribe

Betania es un sello de Editorial Caribe, Inc.

© **2003 Editorial Caribe, Inc.**
Una división de Thomas Nelson, Inc.
Nashville, TN—Miami, FL, EE.UU.
www.caribebetania.com

Título en inglés: *Finding Peace*
© 2003 por Charles F. Stanley
Publicado por ThomasNelson Publishers, Inc.

A menos que se señale lo contrario, todas las citas bíblicas
son tomadas de la Versión Reina-Valera 1960
© 1960 Sociedades Bíblicas Unidas en América Latina.
Usadas con permiso.

Traductor: Ricardo Acosta

Tipografía de la edición castellana
Jorge R. Arias, *A&W Publishing Electronic Services, Inc*

ISBN: 0-88113-733-2

Impreso en EE.UU.
Printed in U.S.A.

7a Impresión

Este libro está dedicado a mi dos piadosos hijos,
Andy y Becky,
cuyo amor incondicional y estímulo han sido una fuente
de fortaleza, gozo y contentamiento
para su padre

CONTENIDO

Contenido

❦

UNO

¿Quién tiene el control?

Doctor Stanley, no le puedo alquilar un auto.

Comprendía las palabras que me decía la mujer que estaba detrás del mostrador, pero difícilmente lograba asimilar el pleno significado de su afirmación.

—¿No puede? —pregunté—. ¿Por qué no?

—No tengo un auto para alquilárselo.

Una triste realidad se hizo patente en los minutos siguientes. *No* había *ningún* auto que alguna agencia de alquiler de automóviles pudiera alquilarme en ese aeropuerto. Yo había planeado este viaje durante semanas, tenía todo calculado... o así lo creía. Ansiosamente había previsto esta época a solas con Dios en el gran noroeste, tomando fotos de sitios de majestuosa belleza natural. Tenía todo en orden... menos un auto.

Tomé un taxi hasta el hotel donde, menos mal, disponía de una reservación, y fui directamente al restaurante del mismo para comer algo y pensar por un momento. Mirando fijamente la fuerte lluvia detrás de las ventanas del restaurante oré, en silencio: *Dios, tú tienes el control.* Él sabía que yo no deseaba dar media vuelta y regresar a casa. Sentía fuertemente que el Señor me había dado su bendición total para que hiciera este viaje; había sentido mucha paz mientras planificaba varias rutas y localidades. Una vez más reflexioné: *Dios, tú tienes el control.* Yo no tenía idea de qué hacer, pero estaba seguro de que Dios sí. Me sentí totalmente dependiente de Él.

Mientras estaba sentado allí se acercaron dos hombres y uno me reconoció. Se detuvieron a presentarse y conversar un poco. Uno de ellos me preguntó qué estaba haciendo en Oregón, por lo que les conté la historia de lo que había ocurrido. Rápidamente respondió: «¡No te preocupes por eso! Tenemos tres autos y me encantaría que usaras uno. Está en buenas condiciones. Tendré el auto aquí en cuarenta y cinco minutos».

Como el hombre prometió, en menos de una hora el auto estaba en el hotel… y en realidad era un auto hermoso. Fui bendecido por la espontánea generosidad de este hombre, sabía que Dios me lo había enviado directamente. Estaba muy agradecido con él y mucho más con Dios.

Pasé momentos fantásticos tomando fotografías del lugar durante un par de días. Al final del segundo día se me ocurrió preparar mi cámara con el tiempo suficiente como para obtener una buena foto del atardecer en un sitio particular de la costa de Oregón. Cuando llegué al lugar, que estaba bastante lejos, bajé mi equipo fotográfico. Mientras aún estaba en el auto se me acercó una anciana, la cual me reconoció y habló conmigo durante algunos minutos. Más tarde fui caminando con mi equipo hasta la posición estratégica específica que había escogido. Tomé varias fotos cuando el sol se ocultaba, luego empaqué todo y me dispuse a volver al auto.

Al buscar las llaves hice un descubrimiento aterrador: no las tenía por ninguna parte.

Revisé las fundas del equipo fotográfico… no había llaves. Pensé: *¿Me habré inclinado mientras hablaba con esa dama y se me habrán caído las llaves del bolsillo?* Busqué con sumo cuidado alrededor del auto y no encontré nada. Para entonces el sol se estaba ocultando y comenzaba a oscurecer. No había nadie más alrededor. Fue en ese momento que observé por primera vez un gran letrero en el extremo del estacionamiento que decía: «¡Advertencia! Sitio peligroso. No permanezca aquí después de oscurecer».

Pensé: *¡Fantástico! Estoy solo. Oscurece. Y ahora sé que estoy en un lugar peligroso.* Fue en ese momento que vi mis llaves colgando del encendido en el interior del vehículo cerrado. Por unos instantes se me fue el alma a los pies y pensé: *¡Qué error haber dejado las llaves dentro del auto!*

Oré: «Dios, tú conoces mi ubicación. Sabes cuál es mi situación. Sabes qué dice el letrero. Ves mis llaves. Me ves a mí. Sé que estás ciento por ciento en control de mi vida. No sé qué vas a hacer, pero confío en que me ayudes».

Me sentí impelido a rodear el auto e intenté abrir las puertas, lo cual ya había hecho. Pero esta vez, cuando tiré de la manija de una de las dos puertas traseras, para mi gran sorpresa se abrió. Todas las demás puertas estaban cerradas en forma más hermética que un tambor. Pero esa se abrió. Recuperé las llaves del auto, metí mi equipo y regresé manejando hasta el hotel, ¡alabando a Dios todo el camino!

Pasaron dos grandiosos días más de belleza panorámica y de fotografías, y me vi siguiendo una carretera próxima a un río que tenía varias cascadas. Acababa de amanecer cuando entré a esta hermosa región, pero la luz no era exactamente la que había previsto. Revisé mi mapa y vi que el monte Hood estaba en esa zona inmediata. No se podía ver desde donde estaba a lo largo del río, pero tuve el presentimiento de que si seguía simplemente un camino en una dirección particular, llegaría a una región que me daría una vista panorámica de la montaña.

Finalmente di una curva y allí estaba, el monte Hood, con una pradera y varios árboles en primer plano. ¡Absolutamente hermoso! Continué por la carretera, esperando encontrar alguna porción de agua que reflejara la montaña. Para mi deleite, pronto apareció un pequeño lago. Tomé varias fotografías y regresé al auto, queriendo volver a mi ruta, cuando observé por casualidad el indicador de gasolina. Esta era la primera vez que lo observaba ese día, y desafortunadamente indicaba que el tanque estaba vacío.

Pensé en la ruta que había seguido para llegar a ese sitio y me di cuenta de que no había visto una estación de servicio en toda la mañana. ¡En realidad, ni siquiera tenía idea de dónde me encontraba! Sencillamente había estado tomando las carreteras a medida que llegaba a ellas, mirando hacia arriba y hacia adelante para tratar de descubrir la montaña y encontrar un lago.

Oré otra vez: «Querido Señor, tú tienes el control». Era consciente de que por tercera vez en esa semana me veía en una situación desesperada, ¡y de que solo Dios me podía ayudar a salir de ella!

Casi en ese momento un enorme camión de una empresa eléctrica estacionó cerca de donde yo estaba. Un hombre descendió, se trepó a un poste, ajustó algo allí y luego bajó. Lo esperé en la parte inferior del poste, y le dije: «Señor, por favor, ¿me podría decir dónde encontrar una estación de servicio?»

El hombre me contestó: «Suba por esta carretera aproximadamente cuatrocientos metros, y luego gire a la izquierda. Allí hay una».

Yo solo tenía la gasolina suficiente para llegar allá.

Si ese empleado de la empresa eléctrica no se hubiera detenido al lado de mi auto, mi instinto natural me habría hecho volver hacia las carreteras en que había estado, en lugar de seguir adelante por una carretera que parecía llevar a un aislamiento mayor. Yo sabía que una vez más Dios me había provisto en una forma única. En realidad, ¡Él tenía el control!

Parecía que cada vez que daba la vuelta esa semana me encontraba en posición de rogar a Dios misericordia: «Heme aquí otra vez, Señor. Te necesito. Te pertenezco. Estás en control de mi vida. Confío en ti».

En la tarde regresé al río, y esta vez la luz era perfecta. Tomé algunas fotografías maravillosas de esas cascadas. Comprendí que si en la mañana no me hubiera desviado ligeramente, no solo habría dejado de ver la belleza del monte Hood desde un lugar remoto, sino que me habría perdido un gran milagro de la protección y la provisión de Dios. Esas fotos de las cascadas eran un consuelo de Dios: «Ves, controlo todos tus pasos, tanto los que parecen estar llenos de estrés como los que están pletóricos de paz y gozo».

Al reflexionar en esa experiencia comprendí que ni una vez durante esa semana tuve miedo, ansiedad o preocupación. Me enojé un poco conmigo mismo por no reservar un auto de alquiler, por dejar las llaves en el auto y por no poner atención al indicador de gasolina. Debido a esas equivocaciones me preocupaba lo que debía hacer o no hacer. Sin embargo, cada vez que me metía en dificultades, realmente no estaba asustado, ansioso o preocupado. Más bien estaba consciente de tener una gran necesidad que no podía resolver por mi cuenta. Tenía que confiar en aquel que podía resolver los problemas por mí.

UN DIOS MÁS GRANDE QUE NUESTROS DESAFÍOS

Hace mucho tiempo que tuve la seguridad total de que Dios me ama, que sabe dónde estoy cada segundo de cada día, y que es más grande que cualquier problema que las circunstancias de la vida me puedan traer. Tengo plena confianza en que el Señor puede cuidar de cualquier situación y dar una respuesta a cualquier duda o problema... Tiene todos los recursos del universo para cubrirnos y ayudarnos en cualquier clase de crisis si confiamos en Él.

Basado en muchos acontecimientos difíciles de mi vida, *sé* con profunda certeza que Dios *siempre* tiene el control. Él nunca me

> Porque si Dios tiene el control de su vida, y usted tiene una convicción firme e inquebrantable en este asunto, entonces, y solo entonces, tendrá las bases necesarias para experimentar lo que las Escrituras llaman «la paz que sobrepasa todo entendimiento».

dejaría, nunca me daría la espalda, no me rechazaría o me quitaría su amor. Él se deleita en mostrarme una y otra vez que es la fuente de mi fortaleza, mi provisión, mi protección y mi éxito final en la vida. No tengo ni la menor duda de que Dios está en control de cada segundo de mi futuro.

Ahora permítame preguntarle: ¿Quién controla su vida?

¿Por qué lo pregunto? Porque esta es la pregunta crucial que se deben hacer quienes están buscando paz si han de encontrar lo que sus corazones anhelan con desesperación. Porque si Dios tiene el control de su vida, y usted tiene una convicción firme e inquebrantable en este asunto, entonces, y solo entonces, tendrá las bases necesarias para experimentar lo que las Escrituras llaman «la paz que sobrepasa todo entendimiento».

Deténgase a meditar en esto por un momento. El asunto del control es muy importante en nuestras vidas.

Si a usted lo controla la situación particular que enfrenta, no puede tener paz, porque en cualquier instante esa situación se puede descontrolar. Las circunstancias de la vida pueden cambiar en un abrir y cerrar de ojos.

Si a usted lo controla un poder maligno, tenga la seguridad de que está en problemas.

Si a usted lo controlan otras personas o las circunstancias en que está involucrado, podría tener paz por un momento, pero finalmente esas personas lo podrían desilusionar y defraudar de alguna manera, entonces perdería su paz.

Si es usted quien está en control, podría parecer que tiene el poder para garantizarse una existencia pacífica, pero finalmente cometerá una equivocación, o algo o alguien entrará en escena para cambiar las circunstancias, y antes de que se dé cuenta encontrará problemas no menores. Entonces descubrirá que su capacidad para crear y controlar su propia serenidad era una simple ilusión.

Pero, ¿y si Dios está en control de su vida? Si Él dirige el barco existen todas las razones para esperar, todas las razones para sentir confianza, todas las razones para seguir adelante con valentía en la vida, esperando que de toda experiencia salga lo mejor.

Algunas personas podrían preguntar: «¿Cómo puede esperar Dios que yo tenga paz en mi corazón si por todas partes enfrento codicia, corrupción, ira, amenazas terroristas y otras formas de maldad?» ¿Es realmente posible vivir en una sociedad como la nuestra y tener verdadera paz en nuestros corazones?

La necesidad de contestar esa pregunta me ha llevado a escribir este libro. Por dondequiera que voy las personas expresan, de varias maneras y a menudo con emociones reprimidas, su necesidad de paz, siendo incapaces de encontrarla en medio de una sociedad que parece destinada a la autodestrucción. Hay una respuesta para usted, mi amigo. Esa respuesta se ha expresado muy bien en las palabras de un himno escrito por un hombre que sabía que Dios estaba en control de todas las cosas. Él descubrió la paz de Dios incluso en la trágica pérdida que experimentó cuando su esposa y sus hijas se ahogaron al hundirse su barco en medio de una horrible tormenta. Él escribió:

> Cuando la paz como un río mi camino acompañe,
> cuando mi tristeza como un mar inflado retumbe;
> cualquiera que sea mi suerte, tú me enseñaste a decir:
> «Todo está bien, todo está bien con mi alma».
> (HORATIO G. SPAFFORD, «Todo está bien con mi alma»).

Por mi propia experiencia y por las de miles, sí, miles de personas que se han cruzado en mi camino, sabemos que así es como la vida puede ser: paz en medio de la tormenta. Profundicemos un poco para descubrir cómo encontrar la paz de Dios.

᪣

DOS

EL FUNDAMENTO PARA TODA PAZ

Hace algún tiempo, antes de un congreso, un miembro del personal y yo estábamos comiendo en un restaurante de la costa oeste. La joven mujer que atendía las mesas parecía tener poco más de veinte años. Mientras nos servía durante la comida, le pregunté: «Si pudieras pedirle a Dios cualquier cosa para tu vida, ¿qué le pedirías que hiciera por ti?»

Sin dudar un instante, la joven exclamó: «Le pediría paz».

Una enorme lágrima comenzó a bajar por su mejilla cuando empezó a hablarnos de la muerte de su amada abuela, ocurrida unos pocos días antes.

A medida que la muchacha nos contaba su historia me di cuenta de que nadie en su familia, ni aun ella misma, creía en Dios. No es que lo hubiera rechazado conscientemente sino que nunca había oído hablar de Él. Lo único que sabía era que en su interior había una gran inquietud, pero no tenía entendimiento alguno sobre cómo resolver esa confusión interna ni incluso qué era lo que yacía en la raíz de esta. Como muchas personas, simplemente vivía de día en día, sin que hubiera mucho propósito o significado en su vida.

Esta mujer representa hoy día a muchos en nuestra sociedad que viven por puro formulismo, tratan de que el dinero alcance, buscan un camino donde parece no haber sendero para ellos, hacen a un lado los obstáculos e intentan darle sentido a todo eso.

Muchas mujeres pasan sus años de adolescencia con una gran motivación por encontrar ese hombre *especial* (el príncipe encantado) que satisfará sus sueños a través del matrimonio y acabará con el vacío que seguramente han sentido por mucho tiempo. Sin embargo, la mayoría de nosotros sabe que rara vez los que llegan a ser sus cónyuges en el matrimonio encuentran a sus esposas capaces de darles siquiera una mínima cantidad de consuelo y satisfacción.

A la inversa, ¡cuántos hombres jóvenes crecen esperando triunfar en la vida, cualquier cosa que eso signifique! Se esfuerzan al máximo en la vida solo para descubrir finalmente que no es suficiente, que deben luchar por conseguir algo de apoyo y estabilidad. Los títulos que obtienen y el dinero que ganan no parecen bastar. Por consiguiente, muy a menudo terminan sintiéndose incompetentes, los sueños que alimentaron en su adolescencia parecen alejarse rápidamente, y al final la realidad golpea... una realidad que para ellos representa interrogantes sobre el significado y el propósito de la vida y, si se dijera la verdad, también para todos nosotros.

Por desgracia, comúnmente no parece haber respuestas adecuadas a nuestro dilema humano, en especial a la razón de sentirnos vacíos. Además, no parece haber motivo satisfactorio para hacer grandes esfuerzos y, sin embargo, seguir sufriendo las adversidades de la vida.

La joven mesera que nos sirvió en el restaurante explicó el asunto con sus palabras: «Necesito paz». Otros dirían «estoy muy solo», o «si mi cónyuge me amara como debería, sería feliz». Todas esas son variaciones distintas de la misma melodía: «Algo está mal; no soy feliz. No tengo paz. ¿Qué pasa conmigo?»

La mayoría de las víctimas de los mensajes de nuestra sociedad secular experimentan este vacío, pero no identifican su problema con Dios. Constantemente nos bombardean con sus demandas. Por lo general comienzan con esta proposición: «Si tú...» «Si fueras más delgada…, si te vistieras con más estilo…, si manejaras un Jaguar…, si vivieras en un mejor sector de la ciudad…, si ganaras más dinero…» La lista es interminable. Ninguna de las muy apreciadas respuestas mencionadas para nuestros problemas, o alguna de las muchas otras respuestas que nos ofrecen, puede brindarnos de modo permanente y satisfactorio lo que ansiamos desesperadamente.

La joven mesera estaba en lo cierto: la mayoría de nosotros siente fuertemente que necesita algo más, y la palabra que lo abarca todo y lo describe mejor es *paz*.

Ahora, querido lector, como pastor durante más de cuatro décadas me tomaré la libertad de hacer lo que los ministros hacen muy a menudo desde el púlpito. Quiero ser muy claro, y declararle con énfasis que, a menos que tenga paz con Dios, nunca experimentará verdadera paz en esta vida. Este es el principio fundamental de las Escrituras.

¡El Dios de paz anhela una relación con usted!

El Dios que controla todo, que está presente en su vida, ya sea que usted lo reconozca o no, es el Dios de Paz. Ese es el significado de su nombre: Jehová Shalom, Dios de Paz, y Él ha hecho algo maravilloso al crear este mundo y todo lo que contiene. Lo diseñó deliberadamente con un plan en mente. ¡Y ese plan lo incluye a *usted*!

> El Dios que controla todo, que está presente en su vida, ya sea que usted lo reconozca o no, es el Dios de Paz.

Allí está el problema. Si usted no está consciente de que hay un plan, o de que es parte de ese plan, entonces no podrá reconocer los postes indicadores de Dios a lo largo del camino. Lo que muchos sienten como *soledad* y otros como *vacío profundo* o *falta de propósito* es, en realidad, una de las señales que Dios ha colocado en nuestro interior. Su mensaje programado es que lo necesitamos a Él. El Diseñador le está diciendo a su creación: «Sin mí nunca te sentirás completo. Soy el único que puede satisfacer los vehementes deseos que hay en lo más profundo de ti. Seré la fuente de tu paz».

El plan del Señor fue crear a la humanidad para que tuviéramos una relación con Él. Esta relación se caracteriza por el amor: el que Dios tiene por nosotros y el que nosotros tenemos por Él. Además, por medio de su presencia amorosa, Él nos protege y nos da su provisión. Esta idea fue y es única para el pensamiento religioso judeo-cristiano.

No importa qué otras relaciones tengamos, cuál sea nuestra posición en la vida, dónde hayamos estado y qué hayamos hecho en nuestro viaje por la vida, Dios nos diseñó para que tuviéramos esta relación íntima con Él. Sabía que a partir de esta relación de intimidad podríamos recibir el regalo que tiene para todos los que lo siguen: una paz profunda, perdurable y continua que solo Dios puede dar al corazón humano.

Sin embargo, para algunos lectores hay un problema básico en este plan. Quizás usted nunca ha oído de él, o tal vez nunca nadie se lo ha explicado de modo claro. También es posible que haya rechazado el plan en años anteriores por cualquier razón, y ahora sienta un vacío continuo en lo más profundo de su interior. Usted sabe que *hoy* es el momento de encontrar la respuesta a su necesidad.

En mi juventud necesité un amigo que me explicara el plan. Estoy muy agradecido de que me clarificara. Básicamente me dijo que Dios creó el mundo por medio de su poder y autoridad sin precedentes. Creó al ser humano y nos permitió disfrutar de su hermoso mundo. Pero nuestros antepasados tomaron decisiones equivocadas, y desde entonces hemos seguido haciendo lo mismo. Exactamente como los hombres y las mujeres en todos los siglos, nos hemos rebelado contra los principios y las leyes del Creador. En otras palabras, hemos pecado.

EL PODER DESTRUCTOR DEL PECADO

¿Qué sucede cuando pecamos? Nos volvemos egocéntricos, nos alejamos sin rumbo más y más de Dios y de su plan. Gradualmente rechazamos el concepto de que necesitamos su presencia en nuestras vidas y comenzamos a seguir nuestros deseos egoístas en lugar de escuchar la voz de nuestro Padre celestial.

No podemos defendernos cuando estamos frente al dolor, el sufrimiento, la soledad, el distanciamiento y la muerte. ¿Por qué? No tenemos los recursos internos para dar paz a nuestros atribulados corazones. Nuestras almas se han ido a la quiebra. En esencia, Dios nos hizo para volar como águilas, pero en lugar de eso nos hemos convertido en criaturas míseras y limitadas a la tierra, que hemos perdido los instintos para ser quienes nuestro Padre celestial pretendió que fuéramos. Nos encontramos de aquí para allá, intentando inútilmente descubrir el propósito y el significado de la vida, puesto que hemos perdido el contacto con el Creador. Su deseo es regresarnos a la correcta relación con Él. ¿No tiene usted ese anhelo en el corazón?

> Dios nos hizo para volar como águilas, pero en lugar de eso nos hemos convertido en criaturas míseras y limitadas a la tierra, que hemos perdido los instintos para ser quienes nuestro Padre celestial pretendió que fuéramos.

Este dilema que enfrentamos es en realidad algo bueno, porque abre una ventana a nuestras almas, una ventana que nuestro Padre afectuoso puede utilizar para contactarse de nuevo con nosotros. Así, hay muchos colegas viajeros en el viaje de la vida con sus almas cerradas a la posibilidad de que Dios pueda, o quizás quiera, intervenir en sus asuntos. Al igual que la joven mesera, no han decidido alejarse a propósito de Dios y optar por una vida de luchas y confusión. Simplemente no conocen la senda hacia la paz.

Al pensar en el sendero hacia la paz, nunca he conocido a una persona que despierte una mañana y diga: «Creo que hoy me gustaría vivir en confusión, que todo el mundo a mi alrededor se derrumbara y que se moviera el piso debajo de mis pies» ¡No! Aunque conozco algunas personas a las que parece gustarles vivir en medio del desorden y el caos, la mayoría de nosotros no anda tras esa clase de vida. No *buscamos* la confusión. Estoy seguro de que en una u otra ocasión la mayoría de nosotros ha oído a alguien decir: «¡Qué no daría por un poco de paz!» Pero con seguridad el clamor de nuestros corazones no es por un poco de paz, ¡sino por toda una vida de paz!

No obstante, la confusión parece alcanzarnos muy a menudo. Permítame darle un ejemplo personal. No hace mucho tiempo iba a caballo durante una excursión de fotografía en lo alto de las montañas. De repente mi caballo comenzó a retroceder bruscamente y temí caer. Este caballo tenía modales muy suaves y pisada firme, y de ningún modo era asustadizo o brioso. Inmediatamente lo hice adelantarse unos pocos metros, pero de nuevo comenzó a ponerse nervioso.

Miré el sendero delante de nosotros y no vi serpientes ni animales salvajes ni ningún peligro evidente. Hice dar marcha atrás al caballo hasta que casi nos apretamos contra dos árboles. Cuando me desmonté para mirar más de cerca, noté el problema.

El caballo había pisado un gran nido de avispas, ¡y estas comenzaron a picarlo! De inmediato di media vuelta y corrí en dirección opuesta; a los pocos segundos oí al caballo resollar sobre mis hombros. Él también estaba huyendo, ¡y venía detrás de mí!

Ahora, ¿fue mi intención guiar al caballo hasta el nido? No.

¿Estaba sometiéndolo a alguna clase de prueba? No.

¿Estaba yo en un estado constante de temor, pensando en los posibles peligros que podríamos enfrentar en el camino por el que andábamos? ¡No!

¿Fue eso algo determinante una vez que el caballo pisó ese enorme nido de avispas? Para nada. Él se asustó, yo me asusté, ¡y salimos de allí lo más pronto posible!

Esas avispas iracundas picaban y revoloteaban, sin ninguna consideración a mi falta de intención de molestarlas. Y tanto para el caballo como para mí las consecuencias fueron tan reales (y en el caso de mi caballo, tan dolorosas) como si yo hubiera premeditadamente planeado esa situación.

La vida es así. Ocurren cosas malas. Aparecen problemas en los momentos más inoportunos. El desastre azota. Y nosotros estamos para enfrentar las consecuencias.

Por experiencia sé que eso ocurre con muchas personas. Pisamos a ciegas un «nido de avispas» y de repente nos vemos cuidando heridas dolorosas, tratando de sacar los aguijones y prometiendo no volver a ser heridos, para descubrir luego que no tenemos el poder necesario para mantenernos libres de los peligros que se atraviesan en nuestros caminos.

Peligros como una tragedia repentina, una pérdida personal o cualquier otra cosa nos abren a nuestra necesidad (necesidad de ayuda, consuelo y guía). Es en este punto exacto de necesidad que nuestro Dios amable y cariñoso puede abrir la ventana de nuestros corazones. Cuando le demos nuestra aprobación, el Señor llegará a rescatarnos. Lo hará ayudándonos a comprender su plan.

Dios nos enseñará acerca de su Hijo, Jesús, quien vino a nuestro mundo para vivir y morir como uno de nosotros. Fue al mismo tiempo tanto Dios como hombre, una verdad asombrosa. Usted aprenderá que como hombre que no cometió pecado, a Jesús lo mataron debido a que los líderes religiosos de su época se sintieron amenazados porque Él proclamaba ser el Salvador del mundo.

Sin embargo, después de su muerte, Jesús hizo algo que nadie más ha hecho, volvió a vivir por el poder de Dios. Al hacerlo triunfó sobre esa realidad final que todos debemos enfrentar: la muerte. Jesús regresó entonces al cielo para estar con su Padre, y les prometió a todos sus seguidores que su presencia estaría con ellos y que su paz no los abandonaría.

Hay una salvedad: ninguno de nosotros es tan bueno como para entrar al cielo por sus propios esfuerzos. ¿Por qué Jesús habría tenido que soportar sufrimiento y muerte si por nosotros mismos pudiésemos lograrlo? Por consiguiente, el plan de Dios para todos nosotros, en toda generación y toda nación, es pedir su misericordia, confesar nuestros pecados y confiar en Él para nuestra salvación. Amigo, esa es la esencia del plan de Dios para usted y para mí. También es el requisito fundamental para que experimentemos el maravilloso y continuo regalo de la paz de Dios.

Resumiendo, Jesús es la piedra angular de nuestra paz. Él tiende un puente sobre la brecha entre Dios y el hombre. La Biblia dice que Él es nuestra paz, y cuáles beneficios maravillosos son nuestros: el perdón (ya no más vergüenza o culpa debido al pasado), la seguridad continua de la presencia de Dios en nuestras vidas y, sobre todo, lo que señala este libro: *su paz*... el regalo que se da a quienes comienzan a seguir al Maestro.

TRES

LA CALIDAD DE PAZ QUE DIOS OFRECE

Si usted es un estudiante de la Biblia, o incluso un lector casual, seguramente ha notado que la perspectiva de Dios se expresa a menudo en forma de comparación y contraste. Por ejemplo, con frecuencia contrastó los ricos y los pobres: cuánto más fácil es a los pobres entrar al Reino de Dios que a los ricos. Las Escrituras señalan que frecuentemente los ricos tienden a confiar en que su notoriedad, fortuna, posición y asociaciones les ayudarán a entrar en el Reino; en tanto que los pobres, al no tener nada de lo anterior, simplemente deben confiar en la misericordia de Dios para ir al cielo.

Otros ejemplos son los contrastes entre amigos y enemigos, entre personas sabias y necias, entre la oscuridad y la luz, y respecto de nuestro tema, entre la paz que viene de Dios en contraposición a la paz que se encuentra en este mundo. Jesús dijo: «Mi paz os doy; yo no os la doy como el mundo la da» (Juan 14.27).

El Maestro estaba estableciendo claramente que la paz que Él dio a sus discípulos era diferente de la que ellos podrían encontrar en el mundo. Cuando Jesús se refirió al mundo, hablaba de la sociedad y cultura en la cual vivimos los humanos.

¿Ha estado usted alguna vez en un mar agitado? En varias ocasiones he experimentado tormentas en el mar, ¡y francamente no tengo deseos de repetir tales experiencias! Los vientos en la superficie pueden barrer el océano a setenta, cien, ciento treinta o ciento sesenta kilómetros por hora, con fuertes lluvias, rayos, truenos y una oscuridad impresionante. Se pueden levantar olas de cinco, ocho, diez y hasta quince metros de alto. Un barco en una tormenta así puede zarandearse como un botecito de juguete. Es fácil que un trasatlántico se pierda en tales tormentas, pero debajo de la superficie, solo treinta metros debajo, no hay tormenta; todo está perfectamente en calma. Ningún sonido. Ningún tumulto. Ni siquiera una oleada de confusión.

Este hecho notable me hace pensar en la paz de Dios. Me da un indicio de lo que nuestro Señor quiso decir cuando prometió su paz a los discípulos. Les dijo que por ser sus seguidores tendrían aflicción en este mundo. Es más, afirmó que algunos de ellos serían perseguidos por ser sus discípulos. Pero a pesar de esto, prometió que no abandonaría a quienes lo siguieran, y que su constante presencia sería el medio por el cual podrían experimentar su paz. ¿Ve usted la conexión entre la presencia y la paz de Dios?

Conozco a un hombre que en su juventud, hace cuarenta y cinco años, era como la mesera que conocí en la costa oeste (activo, buen trabajador, y también tenía tiempo libre), pero al describirme su vida me dijo: «Estoy profundamente solo». Me contó que probó todo para encontrar una respuesta al dolor interior. Hasta que un día, un amigo le habló de Jesús, y Dios tuvo misericordia de él. La ventana de su alma se abrió y él respondió a Dios.

Mi amigo me dijo que a partir de ese día desapareció la soledad y ha experimentado una paz continua. Resaltó que esta paz ha estado presente en su vida, sin importar dónde se hubiera encontrado o qué circunstancias haya enfrentado. Nunca lo ha abandonado la paz perdurable, profunda e incomprensible de Dios.

¿LA PAZ DEL MUNDO O LA PAZ DE DIOS?

¿Cuál es la paz que nos ofrece el mundo? Algunas personas parecen creer que paz, contentamiento y felicidad son términos intercambiables.

Por ejemplo, conozco muchos jóvenes que provienen de hogares acaudalados y van a temprana edad a la universidad más excelente que el dinero de sus padres puede pagar. Tienen bastante dinero para gastar, lo cual invariablemente parece llevarlos a comprar alcohol y drogas. Descubren que logran atraer personas que están más que dispuestas a dejarse tentar por ellos y, como a menudo es el caso, a entregarse a inmoralidades sexuales.

Después que estos individuos se gradúan en la universidad (experiencia de la cual han sacado muy poca información práctica, y de la cual han adquirido aún menos sabiduría), sus padres los colocan en empleos bien pagados dentro del negocio familiar. Se pueden dar el lujo de vivir en una casa hermosa o en un bello condominio. Cuando estos jóvenes llegan a los veinticinco años están hastiados. Lo han visto todo.

Estoy seguro de que con el paso de los años algunos de estos jóvenes pueden haber dicho que fueron felices, quizás que estaban satisfechos, pero no creo que usted haya oído que caracterizaran su propio viaje como pletórico de paz. Al contrario, muy a menudo siento que en los miembros de la generación actual hay un espíritu de desesperación; buscan dinero, ropa, sexo y ascensos a cualquier precio. Pero muy profundamente en su interior están frustrados por una insatisfacción interna, sin comprender la verdadera fuente de su vacío.

Algunas veces, cuando estoy en un hotel fuera de la ciudad, atravieso el bar en mi camino al comedor solo para ver a quienes están allí e intentar encontrar sentido a por qué están ahí. Siempre me asombra que el letrero en la entrada del bar diga «La hora feliz» y que sin embargo se vea muy poca felicidad en los rostros de quienes están adentro. Parecen estresados, cansados, solos y ansiosos por encontrar a alguien con quien hablar.

Si usted le preguntara a uno de esos sujetos del bar qué lo hace feliz, le podría sorprender la respuesta que obtendría. Hace poco alguien me dijo: «Sería feliz si tan solo tuviera relación con una persona a quien amara de verdad, y que me amara. Tendría paz y gozo en mi vida».

Mi respuesta fue: «Estoy de acuerdo con usted en que la felicidad, la paz y el gozo se encuentran en una relación. Pero no en una relación con otra persona, ¡sino con Dios!» Por ejemplo, para un individuo la oportunidad de ir de compras a un enorme centro comercial en una gran ciudad y gastar mucho dinero podría parecer una receta para la felicidad. ¡Eso a otro le podría parecer la peor manera de desperdiciar un día!

Para una persona, caminar sola por un sendero desierto en lo alto de las montañas podría ser un modo agradable de pasar algunas horas. Para otra, tal experiencia podría ser espantosa, difícil o una carga terrible.

La felicidad y la satisfacción yacen totalmente dentro de las percepciones y las emociones propias de un individuo. Ninguna persona puede hacer feliz o satisfacer a otra. La felicidad y el contentamiento son estados mentales que surgen de nuestra percepción de la gente y de las circunstancias, y de cómo estas se interrelacionan con nosotros.

Los cristianos creemos que en última instancia la fuente de estos dones es Dios, ya sea que nos enfoquemos en ser felices, estar satisfechos o llevar una vida de paz. Sin embargo, ¿logra usted ver que esos regalos (y *son* verdaderos regalos) son entidades diferentes? No son iguales. Incluso la persona más feliz y satisfecha admite a regañadientes en el transcurso de su vida que algo le falta. El humilde seguidor de Jesús sabe que la presencia de Dios es el ingrediente principal para que todas las personas sean felices, estén satisfechas y tengan paz interior.

Recuerde, lo que el mundo ofrece como paz es a la larga una ilusión, aunque parezca muy concreta. Es como un espejismo en el desierto.

Recuerde, lo que el mundo ofrece como paz es a la larga una ilusión, aunque parezca muy concreta. Es como un espejismo en el desierto. Un espejismo hace que creamos que es una masa de agua, pero en realidad no existe y por lo tanto no se puede alcanzar. Un espejismo no tiene capacidad alguna de saciar la sed.

El mundo considera la paz como resultado de hacer lo correcto, decir lo correcto, tener el empleo correcto o tener las intenciones correctas.

Ese no es el criterio para la paz descrito en la Palabra de Dios. Paz es una cualidad interior que fluye de una relación correcta con Dios. ¿Cuáles son los beneficios de esta paz?

Cuatro señales fabulosas y claras de la paz de Dios

1. La paz de Dios trasciende las circunstancias

La paz de Dios no es una negación de la realidad. Él no pretende que cerremos los ojos a la realidad de cualquier situación, incluyendo el mal. Más bien quiere que confrontemos la realidad con nuestra fe y con una paz perdurable en nuestro corazón.

La paz de Dios tampoco es un escape a la realidad. No nos quedamos paralizados ni nos han quitado de algún modo los sentimientos de dolor o de luchar. La paz no es un aletargamiento que adormece nuestros sentidos. Tampoco es eliminar la responsabilidad para enfrentar asuntos o circunstancias difíciles. Al contrario, es un cimiento de roca sólida que nos refuerza internamente para que a pesar de las lágrimas que derramemos, o la tristeza que sintamos, sepamos con absoluta certeza en lo más profundo de nuestro ser que Dios está con nosotros. Él tiene el control, y su paz saldrá a la superficie más allá de cualquier agonía profunda que pudiéramos experimentar.

En parte Dios permite que experimentemos tristeza y sufrimientos en esta vida para que así aprendamos que Él tiene el poder de sustentarnos y darnos todas las cosas que producen bendiciones terrenas y beneficios eternos.

La paz de Dios tiene poder para *guardar* o sustentar en medio de la realidad. En su reciente libro *Let's Roll* [Demos la vuelta], Lisa Beamer nos habla del poder sustentador y la paz de Dios que sobrepasa todo entendimiento, mientras atravesaba por la devastadora pérdida de su esposo y de otros valerosos hombres y mujeres en el vuelo 93, que se estrelló en los campos de Pensilvania el 11 de septiembre de 2001.

Todos los hijos de Dios sufren tormentas en su viaje por la vida. Es precisamente en la etapa de atravesar por cualquier crisis que la paz de Dios se manifiesta más claramente.

En una de las épocas más difíciles de mi vida el Señor derramó en mí tanta paz que me asombró por completo la calma que experimenté. Fue durante una gravísima crisis en nuestra iglesia, hace algunos años. Pude salir frente a miles de personas, sabiendo con seguridad que casi la mitad de ellas estaba contra mí, y pude sentir tal tranquilidad en el corazón que en realidad no importaba lo que alguien dijera o hiciera en ese momento. Yo sabía sin la menor sombra de duda que Dios estaba conmigo y dentro de mí, sustentándome en el colchón de su presencia y de su paz. Salí de esa experiencia diciéndole al Señor: «Casi no puedo comprender que no esté enojado. ¡Es un milagro que sienta tanta calma en mi interior!»

Al reflexionar en esa experiencia en particular comprendí que el motivo de estar tan tranquilo era que yo *creía* que el poder de Dios en mí era mayor que cualquier poder que llegara contra el plan y el propósito del Señor para mi vida. Uno de mis versículos bíblicos favoritos es 1 Juan 4.4: «Mayor es el que está en vosotros, que el que está en el mundo».

A menudo es más fácil ver y sentir la paz en medio del sufrimientos y las tribulaciones. No sé a través de qué circunstancias está pasando usted ahora. Quizás está lamentando la pérdida de un ser querido. Tal vez le entristezca la pérdida de una relación con alguien a quien ama. Es posible que esté pasando por un divorcio o por un tiempo de separación en su matrimonio. Podría estar padeciendo una enfermedad grave o recuperándose de una terrible lesión. Tal vez perdió su empleo. Posiblemente ha perdido los ahorros de su vida o ha fracasado en sus inversiones. Quizás esté pasando por un dolor que nunca pensó que experimentaría. Podría estar viviendo heridas o rechazos que nunca pensó que podría soportar.

A pesar de lo que esté experimentando, por favor, sepa esto: Dios es su paz. Ponga su fe en Él.

2. LA PAZ DE DIOS SOBREPASA EL ENTENDIMIENTO

Casi al final de su vida, el apóstol Pablo (un hombre a quien Dios utilizó para escribir la mayoría de las epístolas que forman el Nuevo Testamento) escribió una carta a sus amigos en la ciudad de Filipos. Pablo estaba en prisión, y sin embargo les escribió: «La paz de Dios, que sobrepasa todo entendimiento, guardará vuestros corazones y vuestros pensamientos» (Filipenses 4.7).

En otras palabras, la paz que Dios da es algo que no necesariamente puede imaginar. No siempre puede comprender cómo opera en usted. La intención de Dios no es que la mente humana entienda esta paz o la explique de modo natural. Es asombroso el hecho de que Pablo, encadenado en prisión, animara a sus amigos a confiar en que la poderosa presencia y la paz de Dios los guardaría en medio de los días difíciles que estaban viviendo. Para el observador objetivo, paz es la última emoción en el mundo que Pablo *debería* haber sentido, pero el apóstol sabía por experiencia de qué hablaba. Había naufragado, lo habían apedreado y azotado en varias ocasiones, todo por ser un seguidor de Jesús. La única verdad fundamental que él conocía era que la paz de Dios, aunque misteriosa e imposible de comprender racionalmente, puede hacer que cualquiera atraviese el viaje de la vida en un día rutinario o en medio de cualquier sufrimiento.

En la vida hay muchas cosas que son así. Agradezco que no necesite saber todos los intrincados detalles de cómo funciona mi automóvil para poder ir manejando hasta el trabajo. Agradezco que no deba saber todo el proceso involucrado en su fabricación para poder usar diversos equipos electrodomésticos. La paz de Dios es funcional en nosotros (es operativa en nosotros y disponible para nosotros) más allá de nuestra capacidad de comprenderla. La promesa divina de paz es un regalo más allá de toda comparación.

3. La paz de Dios se extiende a todos los seguidores

¿Se da la paz solamente a unos pocos? ¿Es una característica de la personalidad que tiene solo un grupo selecto de gente desde su nacimiento? ¿O está la paz disponible para todos? La respuesta es clara. El plan del Señor incluye a todos los que deciden confiar en Él y seguirlo. Sin embargo, también sabemos que no todos viven en un ambiente pacífico en el hogar, o en un vecindario caracterizado por la coexistencia pacífica entre distintas razas o culturas. No todo creyente vive en una nación que está libre de guerras, luchas sociales o conflictos políticos.

La paz de Dios, no obstante, se extiende a *toda* persona que acepta a Jesús como su Salvador, que se arrepiente de sus pecados y que sigue una vida de obediencia a la guía de la Palabra de Dios y del Espíritu Santo.

La paz es una promesa de Dios y, como lo mencionamos antes, sus promesas son para hombres y mujeres de toda edad, de toda cultura, de toda nación, de toda generación. Dios no hace promesas para luego arrepentirse. No ofrece un regalo para después negarlo. ¡La promesa de paz es para usted!

La Biblia contiene más de trescientos versículos acerca de la paz. De principio a fin la Palabra de Dios presenta la rotunda verdad: Dios quiere que usted esté en paz con Él, que a través de esa paz con Él tenga paz en su corazón y que, mientras dependa de sus acciones, esté en paz con su prójimo.

4. Está planeado que la paz de Dios sea un estado perdurable del ser

¿Le es escurridiza la paz? ¿Parece que viene y va? ¿Cuándo fue la última vez que experimentó paz profunda en su corazón? ¿Cuánto duró ese tiempo de paz? ¿Por qué perdió su paz?

¿Está la paz relacionada en usted solo a un nivel espiritual ocasional?

¿Ha llegado a la conclusión de que, para usted, la paz en nuestro mundo perturbado es algo que no ocurre con frecuencia? ¿Ha decidido que no puede esperar tranquilidad y, por lo tanto, no busca la paz debido a que no desea desilusionarse si no logra encontrarla?

¿Puede la paz ser una actitud, una experiencia y un gozo en su vida que está allí *la mayor parte* del tiempo?

Al hacer esas preguntas a varias personas en los últimos años he descubierto que la mayoría de ellas cree que la paz es muy fugaz. No es una constante en sus vidas.

Paz en griego significa *juntar* algo que se ha roto o desunido. Creo que esta es una magnífica ilustración de cómo hombres y mujeres alienados (que muy a menudo se sienten vacíos, desconectados unos de otros y de Dios) pueden encontrar un camino de unidad e integridad. La paz de Dios les llega cuando por fe están unidos con Dios.

Esta palabra griega también se refiere a una sensación prevaleciente de tranquilidad y reposo en el corazón y las emociones de un individuo, a ser impasible y sereno. Paz es sinónimo de estar tranquilo, apacible, sereno y en calma. Es un estado muy verdadero del alma.

Usted podría estar pensando: *Dr. Stanley, ¿trata usted de decirme que una tragedia repentina o una época de tribulación nunca me sacudirá o me tomará desprevenido?* No, no estoy diciendo eso. Los problemas pueden llegarnos de modo tan repentino que nos toman desprevenidos. Nuestra respuesta inmediata podría ser pánico, preocupación y temor. Sin embargo, la persona de paz siente rápidamente un poder que surge de su interior y que recupera el control del timón de su vida. Ese poder es el mismo Espíritu Santo, quien expresa paz al corazón humano, asegurándole al creyente: «Aquí estoy. Aún tengo el control. Nada está más allá de mi fortaleza o mi entendimiento. Estoy contigo. No temas».

Los seguidores de Jesús no son inmunes a las circunstancias que los prueban, los inquietan, les traen dificultades o les producen desasosiego. La promesa para ellos es que el Espíritu Santo está presente para ayudar, para que un problema no los saque del centro o los lance en picada. Un problema sencillamente puede ser un accidente en la esfera de acción de su vida. La paz (la verdadera y profunda paz dada por Dios) puede ser la norma en la cual usted viva de día en día.

Si solo siente paz algunas veces (por ejemplo, los fines de semana, en vacaciones o en momentos de descanso), está viviendo de modo diferente a como Dios quiere. El deseo del Señor es que usted sienta todo el tiempo una paz perdurable, una paz que incluye gozo y sentimientos de propósito en cada área de su vida... con tiempos de preocupación o frustración, como los ratos que ocasionalmente nos golpean en momentos de crisis.

Simple y llanamente, un alma atribulada no está en la norma que Dios desea para usted; un corazón anclado a la paz sí lo está.

> El deseo del Señor es que usted sienta todo el tiempo una paz perdurable, una paz que incluye gozo y sentimientos de propósito en cada área de su vida... con tiempos de preocupación o frustración, como los ratos que ocasionalmente nos golpean en momentos de crisis.

CUATRO

POR QUÉ PERDEMOS NUESTRA PAZ

Solo hay un modo de experimentar una paz duradera que transcienda las circunstancias. La respuesta es: por fe. Por fe pedimos y luego confiamos en que Dios está presente en nuestra vida. Es como si hubiéramos depositado una cantidad de dinero en el banco y firmáramos cheques por fe, porque sabemos que ya hay fondos depositados para cubrir nuestro retiro. Hemos pedido a Dios que nos acepte, nos perdone y esté presente en nuestra vida con su paz perdurable; entonces salimos y vivimos, esperando que Él haga aquello que confiamos que ha de hacer.

Por lo tanto, la base para vivir en la paz de Dios es la fe. Una confianza activa y segura en que su presencia y poder nos sustenta y consuela sin importar las circunstancias que enfrentemos. Sin embargo, hay ciertos asuntos que pueden robarnos la paz. Mencionaré algunos:

1. EL TEMOR

El temor puede atacar repentinamente y hacer que perdamos nuestra paz. He aquí una tierna historia que me contó una mujer amiga que aprendió esta verdad de modo difícil:

Cuando ella era niña, su madre la preparó para el primer día en el jardín de infantes. La llevó a la escuela y le mostró su aula, le presentó a su maestra y la llevó hasta la parada del autobús, donde este la recogería y la dejaría en la tarde.

Mi amiga expresó: «El primer día de clases mi madre me dijo antes de ir hacia la parada del bus: "Recuerda que Jesús estará contigo todo el día. Él sabe exactamente dónde estás". Y luego añadió, casi como algo de último momento: "Él sabe dónde debes estar y te ayudará a llegar allá"».

Mi amiga continuó diciendo: «Pues bien, cuando el autobús paró en la escuela, lo hizo más allá de las aulas del jardín de infantes. Logré ver el mío, y tan pronto bajé del autobús me dirigí hacia él. Solo alcancé a dar unos pocos pasos antes de que una maestra me detuviera y me dijera: "No puedes ir por acá". Repliqué: "Pero allá está mi aula". Y la maestra dijo: "Debes ir por este camino para llegar allá". Pero señaló en la dirección opuesta a mi aula, hacia un grupo bastante grande de estudiantes, que caminaban juntos. Y de un codazo me indicó que fuera hacia donde estaban ellos. Yo no tenía idea de dónde estaba. Mamá no me había mostrado esa parte de la escuela. Solo era una niña pequeña en un enorme grupo de niños que caminaba por un pasillo y después por otro; estaba asustada. Todo el tiempo me decía: "En estos momentos Jesús está aquí conmigo. Él sabe dónde estoy. Él sabe dónde debo ir y me ayudará a llegar allá". Me repetía esas frases una y otra vez mientras seguía caminando. En el camino varios grupos de estudiantes iban saliendo del pasillo principal y se dirigían a diversas aulas. Yo estaba más y más confundida, pero seguía caminando con el grupo principal de estudiantes. Finalmente quedamos solo unos pocos caminando juntos. Los demás eran de tercer grado, y cuando se alejaron del pasillo principal para ir a su lugar de estudio me vi caminando sola, diciéndome una y otra vez: "Jesús sabe dónde estoy. Él sabe dónde debo estar, y me ayudará a llegar allí". Miré hacia delante… ¡y allí estaba mi aula de clases y mi maestra! ¡Nunca sentí tanto alivio en toda mi vida! Al día siguiente tuve un poco más de confianza. *Sabía* que Jesús estaba conmigo, y Él sabía dónde me encontraba; además, me ayudaría a llegar a mi aula. Yo tenía paz. ¡Cuando terminó la primera semana había aprendido la rutina!»

Entonces mi amiga dijo estas palabras que nunca olvidaré: «Toda mi vida la gente me ha preguntado por qué parezco tan confiada, incluso en situaciones que nunca antes he experimentado, como algunas épocas de terror y problemas. Creo que esto se remonta a ese primer día en la escuela. Mamá me dijo que Jesús estaba allí conmigo, que Él me ayudaría. No dudé de ella. Creí en la verdad de la presencia de Dios conmigo, y nunca he dejado de creer. Desde entonces he caminado por los pasillos de la vida con paz y confianza. Quizás a veces me he sentido un poco extraviada. Tal vez no sepa todo lo que debería saber; pero sé que estoy conectada con el camino y la verdad, y que Él me llevará adonde se supone que debo estar».

Esta es la verdad en resumen. Mi amiga se mantenía repitiendo las palabras de su madre, y confiaba en que Jesús estaba allí para ayudarla y darle paz, a pesar del temor que sentía con tanta fuerza, como si estuviera navegando en un lugar enorme y extraño.

Algunas personas están tan acostumbradas a reaccionar con temor y pequeñas dosis de pánico al más mínimo altibajo de la vida que ni siquiera se pueden imaginar que haya otra manera de reaccionar. Todo tipo de cambio les altera tanto que no caen en la cuenta de que pueden vivir con mayor estabilidad emocional.

Diga no al temor. En lugar del temor practique una vida de confianza. Empiece cada día con esta afirmación: «Confío en ti, Jesús. Cuento hoy día con tu paz y tu presencia».

2. El enemigo

Nuestro enemigo el diablo nos puede atacar, utilizando varios medios para ocasionarnos dudas y pérdida de fe en nuestro Dios. A menudo hace esto sembrando la duda con preguntas como: «Si Dios está contigo, ¿por qué entonces pasó esto?» En tales ocasiones usted debe hacer frente al diablo, quien es la fuente final de cualquier temor que paraliza, o de cualquier ansiedad que detiene y obstaculiza.

A veces le hablo en voz alta al diablo, el poder maligno que busca frustrar el plan de Dios para nuestras vidas. Le digo abiertamente: «Diablo, *no* tendrás mi paz. Me niego a vivir con temor y preocupación. *Voy a* confiar en Dios». Las Escrituras nos instan a resistir al diablo, y cuando lo hacemos, él *debe* huir de nosotros (véase Santiago 4.7). Por lo tanto, en momentos de temor y preocupación, ¡resístalo en el nombre de Jesús!

3. EL PECADO

Para nosotros es muy importante arrepentirnos de cualquier pecado que se pueda convertir en un obstáculo para recibir y disfrutar la paz de Dios. Revise su propio corazón por si hay algún pecado residente, algo que contrarreste la paz de Dios. El pecado siempre crea tales obstáculos.

Una persona puede orar reiteradamente pidiendo la paz de Dios y creer que esta paz está en su corazón. Se puede recordar a sí misma las promesas de Dios y también citarlas. Pero si continúa albergando pecado en su vida, y de modo deliberado decide rebelarse contra Dios, no experimentará la verdadera paz. Aun lo que parece ser algo simple, como no perdonar a alguien que lo ofendió, por ejemplo, crea una gran confusión en su espíritu. El poder convincente del Espíritu Santo seguirá *persuadiéndolo* a que enfrente lo que usted sabe que es pecado ante Dios. A menos que lo haga, tendrá inquietud y ansiedad en su interior. Mientras más paz pida a Dios, es probable que aumente más esa confusión interna.

¡La paz y la rebelión no pueden coexistir!

El único recurso es confesar la rebelión a Dios, rendirle esa parte de su vida, y pedirle ayuda para alejarse de ese pecado y resistir toda tentación de volver a esa maldad. Entonces, la paz de Dios puede fluir otra vez en su vida.

4. RENUNCIAR A LA PAZ

Muy a menudo, en tiempos de crisis hacemos a un lado nuestra paz. Así es. En realidad la cedemos a alguien más. Hace algún tiempo tuve lo que fue para mí un incidente muy traumático. Lo recuerdo muy bien. Al llegar a mi auto era evidente que alguien había entrado a robar, y se había llevado mi portafolio. «¡No! ¡No! ¡No!» Las palabras salieron casi involuntariamente de mi boca. Me parecía mentira lo que estaba viendo: el asiento delantero estaba vacío y había desaparecido una de mis más preciadas posesiones.

Aquel portafolio contenía mi Nuevo Testamento en griego, el cual con seguridad el ladrón no podría leer, un par de libros más y papeles que no tendrían importancia para él. Todos esos artículos eran muy fáciles de reemplazar, por lo que sentí poco dolor por la pérdida. El portafolio mismo era bastante viejo, por lo que tampoco sentí mucho su pérdida, pero lo que me dolió fue que en su interior estaba mi Biblia favorita. Con ella había predicado por años. En ella había marcado varias observaciones y fechas. Era algo así como un bosquejo biográfico de la manera en que el Señor me había hablado a través de los años. Sentí como si se hubieran llevado un importante registro de mi vida.

Además, eso no era todo. La Biblia había sido un regalo de mi madre.

Durante casi tres meses sentí como si hubiera perdido a mi mejor amigo. Mi enojo no era tanto como mi dolor. Alguien se había inmiscuido en mi vida, incluso en mi vida espiritual, y se había llevado algo muy valioso para mí. En momentos como este (de pérdida, de acusación injustificada contra su carácter, o de rechazo personal) es muy fácil caer en la trampa de perder la paz.

En muchas ocasiones, a través de los años, en momentos en que me he sentido atribulado, preocupado, frustrado o temeroso, culpé a otras personas por «robar» mi paz. Estaba equivocado. La verdad es que nadie más debía ser culpado por mi pérdida de paz. En todos y cada uno de los casos fui yo quien la hizo a un lado.

Escuche por favor con mucho cuidado lo que voy a decirle. Nadie puede quitarle su paz. Si la ha perdido ha sido por una razón: usted ha renunciado a ella.

> **Nadie puede quitarle su paz. Si la ha perdido ha sido por una razón: usted ha renunciado a ella.**

Muchas veces oigo a personas decir que están angustiadas o atribuladas por algo que sucedió, o algo que se dijo o se hizo contra ellas. Escucho variaciones de afirmaciones como «si tan solo ella», «si tan solo él», y «si solamente las circunstancias hubieran sido distintas». Repito que la verdad es que ninguna circunstancia, situación, persona u organización puede robarle su paz interior.

Perdemos nuestra paz porque la hacemos a un lado. Renunciamos a ella. La entregamos. La abandonamos.

5. Pérdida de enfoque

Podríamos dejar que el gran número de situaciones de malas noticias que oímos y leemos prácticamente todos los días nos lleven a perder nuestro enfoque adecuado. En lugar de tener nuestras mentes puestas en Dios y de confiar en su presencia y en su paz dejamos que las noticias y las circunstancias negativas que vemos y oímos desvíen y estimulen nuestros pensamientos.

Piense solo en los últimos doce meses. ¿Recuerda la historia de los trece mineros que murieron en una mina en Brookwood, Alabama? Después de una explosión inicial quedaron atrapados tres mineros. Otros diez entraron inmediatamente a la mina para intentar rescatarlos. Mientras auxiliaban a sus amigos, otra explosión terminó con sus vidas. Esa mañana las esposas habían enviado a sus maridos a trabajar, y nunca más los volvieron a ver.

¿Recuerda usted los masivos terremotos que ocurrieron en Turquía e Italia? Miles de personas se acostaron una noche y no vieron el amanecer del día siguiente. ¿Y qué decir de los tiroteos en nuestros colegios y de los recientes ataques de francotiradores?

Un amigo me contó la historia de un hombre y de su esposa que se fueron juntos a unas vacaciones largamente esperadas. Una tormenta los sorprendió mientras pescaban. El esposo fue al auto en medio del torrencial aguacero, pero la mujer decidió quedarse bajo la protección de un enorme árbol, donde el agua no la alcanzaba con tanta fuerza. Un rayo dio contra el árbol y la mató al instante. Lo que comenzó como una divertida excursión terminó en forma trágica.

Por supuesto, todos recordamos las primeras imágenes que vimos de la caída de las torres del World Trade Center en la ciudad de Nueva York, el enorme hoyo en llamas en el Pentágono, en Washington D.C., y los escombros esparcidos en un campo de Pensilvania. Esa mañana cientos de hombres, mujeres y niños abordaron los aviones y nunca llegaron a sus destinos previstos. Miles de familias afligidas por el horror esperaron horas, días, semanas, y aun algunas hasta ahora, que los restos físicos de sus parientes llegaran a casa para sepultarlos.

Saber sobrellevar las noticias de alguna clase de tragedia parece haberse vuelto parte de nuestra agenda diaria. Una profunda sensación de premonición y aterradora anticipación parece proyectarse sobre nuestra nación. Sin embargo, no siempre se trata de acontecimientos de gran importancia; las malas noticias podrían ser mucho menos dramáticas que los ejemplos que he citado, pero los sucesos aún pueden ser muy amenazadores para nosotros.

Podríamos oír de un médico malas noticias acerca de nuestra salud o de la salud de un ser querido. Podríamos oír malas noticias acerca de una pareja que se ha separado o divorciado, de un niño que ha huido, de un trabajo que se perdió o de una empresa financiera que se ha declarado en bancarrota. Cuando vemos y oímos tales noticias terribles es fácil llegar a enfocarnos en lo negativo, a quedar paralizados por el miedo, y a veces, a pronosticar que algunas de estas posibilidades negativas nos podrían suceder, de modo que también nosotros podríamos convertirnos en víctimas. Permítame sugerirle que considere algunas ideas si siente que su paz se está escabullendo, o si se ha enfocado en los aspectos negativos de la vida:

Pregunta Nº 1: ¿Se ha detenido a agradecer y a alabar a Dios? Las personas que hacen su paz a un lado frecuentemente han dejado de orar con acción de gracias y alabanza. Los seguidores de Jesús necesitan una vehemente vida de oración. Como dice el cántico evangélico, deben «permanecer en contacto con Dios». Deberían evitar hablar con Dios solo de lo que piensan que necesitan y vivir regularmente con un corazón agradecido, dando siempre gracias en toda circunstancia y por todo. Existe una correlación directa entre el grado en que la gente ora con fe, alabanza y acción de gracias y su confianza en la oración, la seguridad de que Dios oye y contesta sus clamores.

Pregunta Nº 2: ¿Está limitando a Dios por su modo de pensar? Imagine una circunstancia que considere mala. Use todas las palabras descriptivas que quiera: difícil, dura, angustiosa, extenuante, debilitadora, horrorosa, triste, perturbadora, penetrante o dolorosa. ¿Hay un problema demasiado horrendo o difícil para que Dios lo maneje?

Si su respuesta a esta pregunta es cualquier otra que *no*, el entendimiento que usted tiene de Dios es muy limitado o escaso. El famoso escritor de devocionales Oswald Chambers escribió: «Cuando empieza a aclararse en mi vida consciente cuál es el propósito de Dios, surgen las risotadas de la posibilidad de lo imposible. Lo imposible es exactamente lo que el Señor hace». Él lo hace bien. Con Dios es posible lo imposible; por tanto, no hay nada demasiado grande para nuestro Dios. No queremos llevar la carga de tener un Dios demasiado pequeño, ¿no es así?

Nuestro Dios es un Dios *grandioso* y *sin limitaciones*. Él habita en la eternidad y opera en el infinito. Tiene *todo* dentro de su comprensión y *todo* bajo su control.

Pregunta Nº 3: ¿Está cavilando en lo negativo? La mayoría de las personas que hacen su paz a un lado admiten después que comenzaron a cavilar en los aspectos negativos de la vida. Más bien deberían aprovechar sus mentes para pensar, meditar, reflexionar y apreciar las cosas buenas y positivas que les ofrece la vida.

La tentación de pensar en los aspectos negativos de la existencia es profunda. Ya mencioné cuán debilitante puede ser esto para la vida de nuestras almas. De manera interesante, esta tendencia a enfocarse en lo negativo comienza a menudo en nuestros hogares e instituciones: padres que critican a sus hijos con poco o ningún elogio que equilibre su evaluación; supervisores que se enfocan más en lo que sus empleados hacen mal que en lo que hacen bien, lo mismo se aplica a maestros, médicos, abogados y contadores. Mucha de la información que estos profesionales nos dan tiende a tratar con errores, situaciones negativas, violaciones a la ley y números que no concilian.

Es frecuente que una persona pase todo un día sin oír una afirmación alentadora de otro ser humano.

Si usted alimenta su corazón y su mente con una dieta continua de negativismo, su fe empezará a erosionarse. Si hace lo mismo con aquellos con quienes vive y trabaja, ellos también se volverán negativos, reprobatorios, críticos de sí mismos y de otros. Esto es lo que tanto usted como ellos estarán pensando y diciendo:

¿Qué sentido tiene?

¿Para qué intentarlo?

Nada sale como quiero.

El mundo se está cayendo a pedazos.

Ya no hay nada seguro.

La gente solo quiere aprovecharse de mí.

Mientras más piense una persona en alguna de estas declaraciones, ¡más deprimida, angustiada y oprimida se sentirá!

Pregunta N° 4: ¿Está permitiendo que en su corazón perduren emociones negativas? Hay épocas en que a nuestra vida llegan accidentes, tragedias, enfermedades o situaciones indeseables. Existen también impulsos y deseos internos que pueden ocasionarnos punzadas de angustia o necesidad interior. Hay ocasiones en que nos encontramos de repente en una situación difícil que no habíamos previsto. Hay momentos en que oímos noticias devastadoras que nos llevan por instantes a sentir como si nos hubieran movido el piso bajo nuestros pies.

Nos asalta la ansiedad. Estalla el pánico. Ataca el temor.

Cuando llegan estos momentos podemos hacer una de dos cosas. O abrimos la puerta e invitamos a esas emociones negativas e improductivas a establecerse en nuestros corazones, ¡o actuamos de inmediato para recuperar nuestra paz y nuestra confianza!

Ahora bien, la ansiedad, el pánico y el temor son respuestas humanas *normales* a accidentes, tragedias, crisis, situaciones de profundo desasosiego o malas noticias que llegan repentinamente. Estas respuestas son casi instintivas. Son automáticas. No hay culpa en *sentir* esas emociones. Son parte del sistema incorporado de advertencia divina para nosotros que nos permite actuar para buscar protección o la preservación de la vida. Son como una reacción «lucha o huye» hacia lo que percibimos que nos está amenazando. Toda persona siente en ocasiones momentos de preocupación, pánico o temor.

El error llega cuando *aceptamos* estas emociones, ya sea con los brazos abiertos o de mala gana, y permitimos que se queden y encuentren gradualmente un lugar de apoyo en nuestros corazones. Si hacemos eso, estas emociones se vuelven crónicas o de larga duración. Se convierten en nuestra «forma de ser», no solo en una reacción temporal. Se vuelven nuestra actitud y modo de pensar preponderante. En lugar de permitir que cosas negativas capturen nuestros corazones, debemos hacer lo que Jesús hizo y enseñó.

Pregunta N° 5: ¿Está olvidando el ejemplo de Jesús? Para mí es fascinante que Jesús, nuestro maestro, era realista. Él no llamó a quienes lo siguieron a vivir en negación o a esconder las cabezas en la arena.

Al contrario, en todos los evangelios Jesús confrontó problemas. Reconoció las feroces tentaciones del diablo y el poder controlador del pecado que obra en el mundo. No llevó a sus discípulos a un monasterio en un lugar remoto para escapar del mundo. ¡No! Llamó a sus discípulos a estar *en el mundo* y no obstante no ser *del mundo*; en otras palabras, a no estar gobernados por los sistemas malignos del mundo o por las tendencias humanas.

> **Jesús, nuestro maestro, era realista. Él no llamó a quienes lo siguieron a vivir en negación o a esconder las cabezas en la arena.**

Jesús sabía que Él y sus discípulos vivían en una época difícil. Los invitó a enfrentar problemas, pero siguiendo su ejemplo. Por tanto, les dijo que no se preocuparan del futuro, de si tendrían ropa que vestir o suficiente alimento que comer. Les recordó que su Padre celestial cuidaba de las aves y vestía a «los lirios del campo», ¡y que haría lo mismo con ellos!

Jesús nos asegura que, puesto que Dios está con nosotros, no tenemos que sucumbir ante los problemas ni dejarnos hundir o derrotar por ellos. Podemos enfrentarlos, confrontarlos, desafiarlos, tratar con ellos, ¡y al final vencerlos! Qué consuelo debe traer esto a nuestros corazones.

Jesús enseñó a sus seguidores que todos los problemas son pasajeros por naturaleza. La enfermedad y la aflicción vienen por un tiempo y una razón. Por un tiempo y una razón se presentaron y prevalecieron las tormentas, tanto en lo natural sobre el mar de Galilea como en lo sobrenatural en las vidas de endemoniados y oprimidos por el diablo. La misma vida de Jesús fue por un tiempo y una razón. ¡Incluso su muerte y su sepultura en una tumba fueron solo por un tiempo y una razón!

La naturaleza pasajera de las aflicciones es algo que Jesús nos llama a reconocer. Su reto es a soportar, perseverar, aprender, crecer y vencer. Utilizo la pequeña frase «por un tiempo y una razón» porque creo que explica con exactitud el asunto. Jesús sabía que Dios permite que pasen cosas en nuestras vidas solo por cierto período y por una razón particular.

Creo que una manera aun más exacta de traducir su «no se turbe vuestro corazón» (Juan 14.1) sería «ya no se turbe más vuestro corazón». Además, ¿por qué deberíamos estar turbados y perder nuestra paz si recordamos el ejemplo del Señor de vivir confiadamente sabiendo que diariamente su Padre estaba observando, dirigiendo, cuidando y amándolo a Él y a sus discípulos? Dios hará lo mismo por nosotros.

CINCO CREENCIAS FUNDAMENTALES PARA UN CORAZÓN AMANTE DE LA PAZ

¿Cree usted que Saddam Hussein, Osama bin Laden o cualquier otro sujeto en la tierra está en control de la seguridad y bienestar suyo? Si así lo cree, está profundamente equivocado. Si usted es cristiano, entonces solo Dios está a cargo de su vida. Él es su seguridad.

Usted podría preguntar: «Pero, ¿por qué los acontecimientos del 11 de septiembre de 2001? ¿Estaba Dios en control?»

Mi respuesta es que ¡por supuesto! Dios nunca ha estado fuera de control sobre su creación ni por una fracción de segundo desde el principio del tiempo. ¿Pudo Él haber evitado lo sucedido? Seguro que sí. ¿*Permitió* el Señor que eso ocurriera? Sí. ¿Tuvo un propósito para permitir que esto le sucediera a nuestra nación? Sin duda alguna.

> **Dios nunca ha estado fuera de control sobre su creación ni por una fracción de segundo desde el principio del tiempo.**

Quizás no comprendamos por completo los propósitos de Dios, pero podemos estar seguros de esto: Él *todavía* está en control. No ha perdido nada de su fuerza o poderío. Sencillamente es hoy día tan omnipotente, omnisciente, omnipresente y lleno de amor como lo fue el día anterior al 11 de septiembre de 2001.

La respuesta divina a tragedias como las de este día no es a las preguntas: «¿Por qué sucedió esto?», o «¿por qué lo permitió Dios?», sino a la pregunta «¿Señor, qué me quieres enseñar con esto?»

Si continúa preguntando *por qué* se podría empantanar, porque esta clase de preguntas no se pueden responder por completo. Si comienza a preguntarse: «¿Ahora qué?», «¿cómo debo responder?», se encontrará impulsándose hacia delante con dirección, propósito y nueva energía. También tendrá una paz mucho mayor.

Entender los caminos de Dios siempre conduce a una comprensión de que Él actuará de un modo que traiga bendiciones eternas para sus hijos. Es lo que *creemos* lo que posibilita hacer las preguntas correctas frente a una tragedia.

Con los años he descubierto cinco creencias esenciales para un corazón amante de la paz. Lo desafío a dar una mirada atenta y prolongada a lo que *usted* cree acerca de Dios. Su paz determinará el grado en que esas verdades están incrustadas en su alma.

Creencia esencial Nº 1:
Dios es absolutamente soberano

Reconocer y aceptar la verdad de que Dios tiene soberanía absoluta sobre todo es vital para su paz interior. El Señor es absolutamente soberano, lo cual significa que nada relacionado con usted está más allá del ojo vigilante y del tierno cuidado de Dios.

Demasiadas personas viven con una persistente preocupación: «¿Qué pasará?, ¿se supone que esto ocurra?, ¿se supone que esto pase?» He conocido a una gran cantidad de individuos en los últimos dos años que me han dicho que tienen un miedo atormentador en su interior; se preguntan qué pasará si abordan un avión, si abren su correo, si entran a un edificio alto o si los pica un mosquito transmisor de enfermedades. Otros me han confesado que tienen un temor diario de enviar a sus hijos al colegio. Aun otros han admitido tener un pavor aterrador al abrir la sección de economía del periódico... Sienten una presión continua en su interior respecto de la Bolsa de Valores y del actual clima empresarial.

Si usted tiene alguna de estas preocupaciones lo animo a leer cuidadosamente el Salmo 91, uno de los excepcionales pasajes de la Biblia que habla del control de Dios sobre todos los asuntos de la vida. Dice así:

El que habita al abrigo del Altísimo
morará bajo la sombra del Omnipotente.
Diré yo a Jehová: Esperanza mía, y castillo mío;
mi Dios, en quien confiaré.
Él te librará del lazo del cazador,
de la peste destructora.
Con sus plumas te cubrirá,
y debajo de sus alas estarás seguro;
escudo y adarga es su verdad.
No temerás el terror nocturno,
ni saeta que vuele de día,
ni pestilencia que ande en oscuridad,
ni mortandad que en medio del día destruya.
Caerán a tu lado mil,
y diez mil a tu diestra;
Mas a ti no llegará.
Ciertamente con tus ojos mirarás
y verás la recompensa de los impíos.
Porque has puesto a Jehová, que es mi esperanza,
al Altísimo por tu habitación,

no te sobrevendrá mal,

ni plaga tocará tu morada.

Pues a sus ángeles mandará cerca de ti,

que te guarden en todos tus caminos.

En las manos te llevarán,

para que tu pie no tropiece en piedra.

Sobre el león y el áspid pisarás;

hollarás al cachorro del león y al dragón.

Por cuanto en mí ha puesto su amor, yo también lo libraré;

le pondré en alto, por cuanto ha conocido mi nombre.

Me invocará, y yo le responderé;

con Él estaré yo en la angustia;

lo libraré y le glorificaré.

Lo saciaré de larga vida,

y le mostraré mi salvación.

Dios es su protector. Él es quien protege su vida hora tras hora, día tras día, año tras año. Él está a cargo de mantenerlo con vida en esta tierra hasta el segundo en que desee que usted esté en la eternidad en su compañía. No importa qué le ocurra, Dios tiene un plan para bendecirlo en esta tierra y recompensarlo en la eternidad. Todo lo que experimente, incluso esas pequeñeces que usted podría llamar *malas*, el Señor las puede convertir en bien eterno si tan solo confía en que Él es su Dios soberano.

Hace poco un amigo recibió noticias muy tristes por correo. La inmobiliaria que se encargó de vender su casa fue demandada por el matrimonio que la compró. Los compradores decían que había habido fraude, y la insinuación era que mi amigo había mentido al no revelar la condición del inmueble en el momento de la venta, así como también que había sido negligente en hacer las reparaciones. Aunque no se nombraba a mi amigo en la demanda contra la inmobiliaria, estaba conmocionado por las acusaciones contra el agente de bienes raíces, e indirectamente contra él. Por algunos momentos se sintió intranquilo, muy angustiado y confundido por las acciones que debía tomar. Su paz tambaleó momentáneamente.

—Cuando terminé de leer por segunda vez el texto de este documento legal —me dijo mi amigo—, recordé que en un sermón dijiste: «Dios está en control. Él siempre está en control». Por lo tanto, oré: «Señor, tú tienes el control. Esta carta no te sorprende. Tú conoces mi corazón. Sabes que traté en forma honesta y franca con esta pareja. Sabes que revelé todo problema del que yo tenía conocimiento en la propiedad que vendí. Sabes que hice lo mejor por cumplir con todas las reglas y regulaciones estipuladas, tanto por la inmobiliaria como por los inspectores de la propiedad. Sabes cuánto dinero gasté en las reparaciones requeridas, y que hice más de lo exigido legalmente, tanto al revelar todo como al reparar la propiedad para esta familia. Ahora te pido que me ayudes a saber qué hacer y cómo responder, incluso si debo hacer algo. Muéstrame cómo orar por esta pareja. Muéstrame cómo orar por el agente de bienes raíces».

—¿Qué sucedió? —le pregunté.

—Inmediatamente mi corazón se llenó de paz —contestó—. Yo sabía sin duda alguna que no iba a hacer nada más que orar por el matrimonio que había comprado la casa. Yo tenía una profunda convicción de que esta pareja tenía necesidades mucho más profundas y eternas en importancia que las necesidades de mantenimiento que se bosquejaban en la larga carta que habían escrito a la inmobiliaria. Estaban atribulados, abrumados, aterrados, buscaban culpar a otros, y quizás se descapitalizaron con la compra que hicieron. De modo que me dispuse a orar porque Dios supliera sus necesidades y cambiara sus corazones. Yo sabía que si continuaban con el juicio se iban a encontrar aun más frustrados, más heridos, y que probablemente no recibirían más que una pequeña porción de la compensación que buscaban. Por bien que pueda hablar de otras transacciones de propiedad que he hecho, esta venta se había manejado de forma seria. No sé qué pasará al final en este caso, pero sé que Dios está en control. Él conoce mi corazón, mis motivos y todo lo sucedido. Él me protegerá. También creo que cumplirá su propósito en la vida de esta pareja y en la de todos los involucrados en este caso.

—¿Sabes por qué tienes esta confianza y esta paz?— inquirí.

—Seguro —dijo mi amigo con una sonrisa—. Me estás probando, ¿no es así? Tengo paz porque Dios dijo que todas las cosas ayudan a bien a los que son llamados conforme a su propósito. Me dejé guiar por Dios para vender esta propiedad. La vendí en forma piadosa y con una conciencia limpia en todos los aspectos de la venta. Dios es fiel a su Palabra. Todas las cosas ayudan a bien.

El hombre tenía toda la razón.

CREENCIA ESENCIAL N° 2:
DIOS ES SU PROVEEDOR

De principio a fin, la Biblia tiene un claro mensaje de que Dios es quien suple todas nuestras necesidades. ¡Ninguna necesidad es demasiado grande, demasiado difícil o demasiado grave para que Jesús la supla! La Biblia nos dice: «Los que buscan a Jehová no tendrán falta de ningún bien» (Salmo 34.10).

No es parte del plan de Dios que usted se pase la noche en vela, dando vueltas en la cama y preguntándose: *¿Cómo voy a pagar mis cuentas si pierdo mi empleo? ¿Qué haré cuando me jubile si la Bolsa de Valores continúa bajando? ¿Cómo he de proveer para mi familia si mi empresa se declara en bancarrota?*, o cualquier otra preocupación que tenga.

Tal vez la necesidad que tiene no sea de alimento, agua o ropa. Podría ser una necesidad de sanidad emocional, liberación espiritual, una nueva oportunidad de empleo, reconciliación de una relación rota o cualquier otra de una gran cantidad de necesidades internas o de relación. Amigo, ¡Dios puede suplir esa necesidad! Él es el Dios que da a su pueblo todo lo necesario para una vida plena, satisfactoria y con propósito.

Jesús dijo:

Yo soy la puerta de las ovejas. Todos los que antes de mí vinieron, ladrones son y salteadores; pero no los oyeron las ovejas. Yo soy la puerta; el que por mí entrare, será salvo; y entrará, y saldrá, y hallará pastos. El ladrón no viene sino para hurtar y matar y destruir; yo he venido para que tengan vida, y para que la tengan en abundancia (Juan 10.7-10).

El Maestro se estaba refiriendo al hecho de que en los tiempos bíblicos los pastores dormían con sus ovejas cuando el rebaño pasaba la noche al aire libre en rediles hechos de rocas. El pastor se acostaba en la puerta por donde el rebaño entraba al redil y protegía con su misma vida a las ovejas de cualquier depredador o de los ladrones. Observe que Jesús dijo que no solo somos salvos porque Él se interpone entre nosotros y el enemigo que busca robarnos, matarnos y destruirnos; Jesús también, como nuestro pastor, nos lleva a «lugares de delicados pastos». Esa pequeña frase significa que una oveja tiene todas sus necesidades cubiertas.

Jesús no solo provee vida eterna cuando lo aceptamos como nuestro Salvador, sino que también vino para darnos vida en abundancia. Una vida abundante es una vida repleta de bendiciones para que podamos lograr todo lo que el Señor nos ha llamado a hacer y ser en nuestra vida.

Si pierde su empleo, Dios le tiene otro. Si confía en que Él lo conduce y abre las puertas, ese nuevo empleo será una mejor oportunidad.

Si ha confiado en que una fuente de ingresos le dé el dinero que necesita para pagar sus cuentas, y esa fuente cambia, Dios tiene otros innumerables medios para darle su provisión.

Nunca olvide que Dios

- Envió maná para alimentar a más de dos millones de israelitas que estaban vagando por el desierto; es más, envió maná durante décadas para suplir las necesidades de alimentación del pueblo (Éxodo 16.35).

- Sacó agua de la roca sólida para dar refrigerio de vida a su pueblo (Éxodo 17.6-7).

- Envió cuervos con comida para alimentar a su profeta Elías durante una época de terrible sequía y hambre (1 Reyes 17.4-6).

- Multiplicó el almuerzo de un muchacho, que consistía de pan y peces, para alimentar a miles de personas (Mateo 14.14-21).

- Abasteció diariamente de aceite y harina al profeta Elías y a una madre viuda; es más, este suministro duró años, hasta que la época de hambre llegó a su fin (1 Reyes 17.10-16).

- Multiplicó las existencias de aceite para una viuda después de la muerte de su marido, a fin de que ella y sus hijos pudieran alimentarse (2 Reyes 4.1-7).

Los ejemplos en la Biblia acerca de la provisión de Dios son muy numerosos como para hacer un recuento completo. Si duda de la capacidad del Señor para darle su provisión, recuerde los muchos medios que usó para proveer a su pueblo. Mientras lee acerca de la provisión del Señor, recuerde que Él es el mismo hoy día que el que fue en los tiempos bíblicos. Su naturaleza como su proveedor es inquebrantable. Sus recursos son inagotables. Su amor por usted es infinito. Y su poder para proveer es absoluto.

Usted no puede tener paz y al mismo tiempo dudar de que Dios le proveerá. Fije de una vez y para siempre el asunto en su mente y su corazón. Dios es su proveedor. Él suplirá sus necesidades cuando aprenda a confiar en Él y a obedecerle.

¡Confíe a Dios todos sus asuntos económicos! ¿Cree que Dios está en control de su economía? ¿Tiene usted la seguridad de estar manejando sus finanzas como Dios quiere que las maneje?

> Usted no puede tener paz y al mismo tiempo dudar de que Dios le provea. Fije de una vez y para siempre el asunto en su mente y su corazón. Dios es su proveedor.

Si usted puede responder sí a esas preguntas, entonces debe dejar a un lado sus preocupaciones y seguir con los asuntos que tiene a la mano: continúe usando su dinero y manejando su economía de manera piadosa. Enfoque su trabajo en esos aspectos que Dios ha puesto en su sendero para que usted haga, y ayude a otros con lo mejor de su capacidad. El Señor tiene modos y medios de proveerle aquello que usted ni siquiera ha soñado.

Pregúntese: «¿Quién está en control de mis recursos materiales?» Si cree que tiene el control, está equivocado. Tenga la seguridad de que su responsabilidad es ser un buen mayordomo, o administrador, de los recursos que Dios le ha dado, pero usted no controla sus ingresos o los bienes materiales que le llegan. Todo lo que tiene hoy día es un regalo de Dios para usted. Él es quien le ha dado la energía, vitalidad, salud, ideas y oportunidades que lo han llevado a poseer todo lo que tiene. Tenga la certeza de que así como Él ha provisto para toda su vida, lo continuará haciendo mientras confíe en Él, le obedezca y busque hacer su voluntad.

Si la Bolsa de Valores es la fuerza que gobierna sus recursos materiales, usted está en problemas. Si su futuro económico se basa en su capacidad humana para idear sus más sabias inversiones, usted está en problemas. Es solo cuando Dios le da sabiduría que puede tomar sólidas decisiones financieras en el mercado bursátil. Pida a Dios que lo ayude. Pídale que le revele si hay algo que debe cambiar con respecto al modo en que actualmente maneja sus recursos materiales.

Si no tiene paz en un renglón particular de sus finanzas o posesiones, pida a Dios que le revele dónde debería invertir. Él le revelará modos en los cuales debe manejar sus recursos para que pueda experimentar su paz.

Hace poco oí de una mujer que repentinamente perdió la paz, y esto tuvo que ver con la casa que había ocupado durante más de cincuenta años. Tuvo una gran necesidad de salir de su casa, no por una tarde, sino de venderla y mudarse. Puso la casa en venta, y para su asombro, el agente de bienes raíces que contactó le dijo que valía más de lo que ella pensaba. Además, supo que se iba a construir un templo a solo medio kilómetro de su casa. Aparentemente los miembros de esta religión querían vivir cerca de este templo y eran los que estaban provocando que los precios subieran de esta manera. Cuando el agente de bienes raíces le dio esta información, ella comprendió que en un tiempo relativamente corto la mayor parte de su vecindario tal vez estaría lleno de familias que tendrían una membresía en ese templo. Esto representaba un problema para esta querida dama. Ella era viuda, de edad madura, y le preocupaba quedar aislada de sus vecinos o amigos de tanto tiempo.

Tan pronto como la hija y el yerno de la mujer se enteraron de que estaba dispuesta a mudarse, la invitaron a vivir con ellos. Habían deseado esto durante años, pero no habían insistido sobre el asunto porque la mujer se había mantenido firme en cuanto a conservar su casa y vivir en ella hasta que muriera. Aceptó la invitación, y en dos meses había vendido la casa y se había mudado. Durante los diez años siguientes de su vida vivió con grandes comodidades y paz, recibiendo el amor y el tierno cuidado de su hija, su yerno y sus cuatro nietos.

¿Estaba Dios a cargo de los asuntos económicos de esta dama? ¿Proveyó para ella? «¡Mucho más abundantemente de lo que pedimos o entendemos!» (Efesios 3.20).

CREENCIA ESENCIAL Nº 3:
DIOS LO HIZO DE LA MANERA QUE ES POR UNA RAZÓN

Existen muchas cosas en la vida sobre las cuales usted no tiene control. Acéptelas como parte del modo en que Dios lo hizo.

—El Señor me dio piel blanca —me dijo hace poco una amiga—. Mi piel parece tornarse roja de solo pensar en estar al sol. Me encantaría tener un buen bronceado, pero no es así como Dios me hizo. Por lo tanto… me pongo protector solar, uso mi sombrero de paja y ropa holgada de mangas largas, y de todos modos voy a lugares soleados. ¡El solo hecho de que Dios no me creara con capacidad de broncearme no significa que Él no quiera que yo disfrute de una isla tropical!

Esta mujer ha aceptado el modo en que Dios la hizo.

—No sé por qué Dios me hizo pequeña y me dio un cabello tan negro y una piel oscura —me dijo hace años otra amiga—. Soy la más pequeña de toda mi familia, y tengo la piel y el cabello más oscuros que mis hermanos y hermanas. Sin embargo, el modo en que Dios me creó me hace más fácil mi trabajo como misionera en México.

—Dios te vio trabajando como misionera en México mucho antes de tu nacimiento —le dije riendo—. ¿No comprendes que por eso te creó así?

Su raza, cultura, idioma, nacionalidad, sexo y muchos atributos de su ser físico son decisiones de Dios. Él también le dio ciertos talentos y aptitudes que le facilitan adquirir y perfeccionar algunas habilidades. Le dio un nivel de inteligencia para desarrollarla por medio del estudio y aplicarla en asuntos prácticos. Le dio una personalidad básica. Aun desde que nacen algunos bebés parecen más extrovertidos, y otros parecen más pasivos. Cuando usted aceptó a Cristo como su Salvador, el Señor le dio ciertos dones espirituales para ministrar a otros. El modo en que expresa esos dones está excepcionalmente ligado a los talentos que Dios le ha dado y a las destrezas que le ha ayudado a desarrollar.

Todas estas características y factores tomados como un todo lo hacen una persona única en este planeta. Nadie que haya vivido antes ha sido como usted. Nadie que viva hoy día en la Tierra es como usted, ni siquiera un hermano que podría ser su gemelo. Nadie en el futuro será como usted, incluyendo a sus hijos. Usted es una creación

> **Usted es una creación única y muy especial de Dios, diseñada para un propósito particular en esta tierra, el cual Dios ha tenido en mente desde la eternidad. ¡Acepte a quien Dios quiso que usted fuera!**

única y muy especial de Dios, diseñada para un propósito particular en esta tierra, el cual Dios ha tenido en mente desde la eternidad. ¡Acepte a quien Dios quiso que usted fuera!

He conocido personas que están muy disgustadas con el don ministerial que el Creador les ha dado. Un hombre me dijo una vez: «El Señor me dio un don de misericordia. Algunas personas creen que soy un inútil. Me hubiera gustado que Él me hubiera dado un don de exhortación». Querer un don ministerial diferente del que Dios le ha dado es decir tres cosas: «Señor, cometiste una equivocación», «Dios, no me gusta quién me has llamado a ser» y «Padre, no voy a utilizar al máximo de mi capacidad este don que me has dado». Alguien que no valora y aprecia su propio don ministerial es un sujeto que no está deseoso de ofrecer su don, y por lo general no está dispuesto a usar su talento ni siquiera cuando se le pide.

También he conocido personas muy disgustadas con las características físicas que Dios les ha dado. Algunas detestan un aspecto de su apariencia hasta el punto que parecen despreciar todo su ser. Les disgusta tanto su apariencia que se aíslan y se retraen de otras personas. Incluso otros individuos odian tanto algún aspecto de su apariencia que parecen inclinarse a destruir todos los demás aspectos de esta, y se abandonan completamente.

No me opongo al uso del maquillaje, de los estilistas, y ni siquiera a la cirugía plástica. Pero me preocupan mucho las personas a las que les disgusta tanto su apariencia que se alejan de Dios debido a que lo culpan por la manera en que las hizo. Algunas llegan a medidas tan extremas para mejorar su apariencia que gastan prácticamente todo su dinero y mucho de su tiempo en mejorar su imagen. Otras dejan abiertamente y por voluntad propia el servicio al Señor porque están muy preocupadas con lo que percibieron que era su apariencia poco atractiva, su desventaja o limitación física, o su debilidad corporal. Pierden mucho del gozo que Dios desea que experimenten en la vida. Seguramente no tienen paz profunda dentro de sus corazones.

CAMBIE LO QUE PUEDA CAMBIAR

Si usted se mira en un espejo y concluye: «Me gustaría más mi apariencia si adelgazo diez kilos», entonces adelgace esos kilos. No proteste ni se queje por la cantidad de células grasosas que Dios le ha dado. Tome algunas decisiones acerca de cómo drenar la grasa de esas células. Por otra parte, no se vea en el espejo y concluya: «Con seguridad me gustaría ser quince centímetros más alto». ¡Ese deseo no se realizará a pesar de lo que haga!

¿Qué dice cuando se ve en la mañana? Dice: «¡Qué asco!», o ríe y dice: «Bueno, aquí se pueden hacer algunas mejoras», o: « ¡Nada mal!» Cada uno de nosotros debería llegar hasta el punto de decir: «¡Estoy mejorando cada día!»

Dios espera que cambiemos lo que sea necesario para ser lo mejor en todo lo que hagamos. Él quiere que nos veamos con la mejor apariencia, que vistamos lo mejor, que hablemos de la mejor forma, que nos comportemos de la mejor manera, que demos lo mejor de nosotros, y que obremos con lo mejor de nuestra capacidad y energía. Es importante comprender que el término *mejor* está relacionado con su potencial, no a modo de comparación con los demás. Lo mejor de usted no tiene nada que ver con lo mejor de otra persona. Además, lo mejor de usted hoy día no es igual a lo mejor de usted mañana. Todos podemos mejorar ciertos aspectos de nuestra vida y seguir mejorándolos cada día por el resto de esta.

Usted hace honor a la imagen que tiene de sí mismo. Sus acciones seguirán todo el tiempo a su imaginación. Si se ve como un fracasado, actuará como tal, y al final fracasará.

Si se ve como alguien horrible hará muy poco para mejorar su apariencia, y al final se sumergirá en la peor imagen que tenga de sí mismo.

Si se ve como un tonto, no estudiará ni aprenderá para desarrollar habilidades, no buscará oportunidades en las cuales aplicar lo que sí sabe, y en el futuro permanecerá tan inculto, inepto o sin desarrollarse como hoy día.

El individuo que ve en sí mismo será, en definitiva, la persona en que se convertirá.

Nunca deje de crecer en carácter

Un área en la cual Dios siempre nos desafía a crecer y cambiar es nuestro carácter. La Biblia nos dice que Dios está obrando en la vida de todo creyente para conformarlo a la semejanza del carácter de Jesucristo. El carácter que Dios desea que manifestemos lleva las cualidades distintivas de amor, gozo, paz, paciencia, benignidad, bondad, fe, mansedumbre y templanza (Gálatas 5.22-23).

Todo el mundo puede ser más cariñoso. Todo el mundo puede tener mayor gozo, estar más en paz, tener más paciencia, mostrar más benignidad, reflejar más bondad, caminar con más fe. Todos pueden expresarse con mayor mansedumbre y manifestar más templanza. No importa cuán maduro sea el creyente, siempre hay espacio para crecer en estas áreas. Siempre hay oportunidades para mostrar estas características en nuevas situaciones, ambientes y relaciones.

Su carne, su mente, sus posesiones materiales exteriores no son los aspectos más importantes de su verdadero ser. La verdadera importancia se encierra en su carácter.

Para compensar un carácter pobre, usted no puede tener suficiente dinero, no puede tener suficientes amigos, no puede consumir suficientes drogas o beber suficiente alcohol, no puede ir a suficientes lugares o tener suficientes experiencias, no puede adelgazar lo suficiente u obtener suficiente musculatura, no puede usar ropa o joyas suficientemente finas, o manejar un auto suficientemente lujoso.

RECHACE LAS MENTIRAS QUE QUIZÁ LE HAYAN DICHO

Con los años he descubierto que un elevado porcentaje de individuos con una pobre imagen de sí mismos adquirió esa imagen debido a lo que alguien les dijo o hizo en su infancia. En casi todos los casos alguien les mintió, y ellos asimilaron la mentira. Alguien les dijo: «No puedes hacer eso», «nunca llegarás a ser alguien», «no te quieren», «no vales nada», «eres un fracasado», «no puedes aprender eso», o «no puedes convertirte en aquello». La verdad es que alguien les alimentó una opinión que no estaba originada en lo que Dios ha dicho, y creyeron la mentira. Actuaron según la mentira. Vivieron el fracaso que alguien pronosticó para su vida.

A veces la gente que no se quiere expresa profundas críticas de sí misma, y otras veces intenta minimizar con pequeños chistes lo que no le gusta. He oído a personas de toda edad decir cosas como: «De todos modos a nadie le importa», «simplemente soy tonto», «mamá siempre dijo que yo fracasaría en esto» o «papá nunca estuvo allí para mí».

Aunque esas declaraciones podrían estar originadas en hechos, también son clave para el bienestar emocional de una persona y la imagen que tenga de sí misma. Cuando alguien dice: «A nadie le importo», muy probablemente piense: «No vale la pena que sea amado». La persona que dice: «Soy solo un tonto», está expresando que cree ser incapaz de aprender, o que es inadecuado intelectualmente. Quien dice: «Mamá siempre decía...», es alguien que ha creído que no está capacitado para tener éxito. El individuo que dice: «Papá nunca estuvo allí para mí», es alguien que ha asimilado la creencia de que fue indigno del amor y la atención del padre. Todas esas son señales que indican la conclusión: «¡No soy digno de amor!» ¡Esa es una mentira, Dios dice que usted es digno de ser amado!

Evalúe lo que se le ha estado diciendo acerca de usted. ¿Se le dijo la verdad? Si de algún modo le enseñaron una mentira acerca de usted (lo cual es algo contrario a lo que Dios dice sobre usted), entonces depende de usted mismo rechazar lo que le han dicho y creer lo que la Palabra de Dios dice. Usted es digno de amor. Usted vale la pena. Usted es inteligente y talentoso. Dios lo creó para triunfar.

ACEPTE LA VERDAD QUE OTROS LE EXPRESAN

A otras personas les han dicho una verdad acerca de sí mismas, la cual se han negado a creer. Miles de mujeres jóvenes en los Estados Unidos creen que son gordas y están luchando con la anorexia, la bulimia y otros desórdenes alimentarios; muchos no les creen a padres, maestros, médicos y amigos íntimos que les dicen una y otra vez que no están gordos. Se han negado a aceptar la verdad acerca de sí mismos.

Si alguien le dice: «Te ves fabuloso hoy», no rechace ese comentario. ¡Acepte que a los ojos de esa persona usted luce fabuloso!

Si alguien le dice: «Eres inteligente de veras», o «eres de verdad creativo», no rechace el halago con observaciones de menosprecio hacia usted, o con un comentario que descarta esa afirmación. ¡Esté de acuerdo con esa persona! Usted es inteligente en algún grado y de varias maneras. Es creativo hasta cierto punto y de varios modos. Además, la persona que le está haciendo ese halago intenta expresar aprecio por quien usted es. ¡Acepte el cumplido y acepte que lo aprecian!

A veces un individuo reacciona ante un halago con un «gracias», pero en el momento en que se aleja, se dice: «En realidad no quiere decir eso. Lo dijo solo por compromiso. Me gustaría que no me dijeran cosas como esa». Si se descubre teniendo tales pensamientos después de recibir un halago, tome nota. Hay algo en usted que no está valorando o apreciando.

Un cirujano me contó una vez de una paciente que tuvo un horrible accidente automovilístico. La víctima era una hermosa adolescente. El horrible accidente le destrozó el rostro. Todos los que veían a esa joven después de varios años y varias cirugías pensaban que era aun más hermosa de lo que había sido antes del accidente. Sin embargo, la muchacha aún veía un rostro destrozado y desfigurado cuando se miraba en el espejo. Se negó a creer la verdad que a menudo los demás le expresaban. Ella descartaba todo halago, y hasta llegó a enojarse cuando alguien le decía: «Eres muy hermosa».

Este cirujano contó: «No fue sino hasta que alguien totalmente extraño en la iglesia habló con la joven, que ella empezó a cambiar la imagen de sí misma. Esta persona estaba orando con ella y le dijo: "El Señor acaba de hablarle a mi corazón, por lo que debo decirte algo". La joven dijo: "¿Qué es?" Y la mujer que oraba con ella manifestó: "El Señor desea que sepas que Él cree que eres hermosa, y desea que empieces a pensar de ti misma del mismo modo en que Él piensa de ti". Esa joven comenzó a llorar, y no dejó de llorar por horas. Creer la verdad acerca de sí misma era algo difícil de aceptar, pero una vez que lo hizo pudo renunciar a la amargura y la ira que había conservado después del accidente. Creer la verdad le trajo una profunda sanidad interior, aun cuando las heridas de su rostro habían sanado mucho tiempo atrás».

¿Tiene usted el valor de dejar a un lado las mentiras que le han dicho y recibir la verdad de Dios acerca de su vida? ¿Tiene el valor de caminar en esa verdad?

Acepte quien Dios pretendió que usted fuera. Cambie lo que sabe que puede cambiar, que necesita cambiar, o que Dios le está pidiendo que cambie. Cambie las mentiras de los demás por la verdad del Señor acerca de usted. Esté dispuesto a continuar cediendo a la obra adaptadora del Espíritu Santo y a desarrollar el carácter que Él desea que desarrolle.

Entonces, amigo mío, tendrá mayor paz en su interior.

CREENCIA ESENCIAL N° 4:
DIOS TIENE UN LUGAR AL QUE USTED VERDADERAMENTE PERTENECE

Una persona que se siente indeseada, rechazada o continuamente sola no es alguien que tiene una profunda paz en su interior. Sentir que pertenecemos a alguien o a un grupo de personas que nos aman es vital para nuestra paz interior.

Todos en la Tierra quieren ser amados y amar a alguien. Cuando usted siente como si estuviera conectado a alguien que lo aprecia, lo valora y lo ama, sus sentimientos son de tranquilidad y calma.

Dios nos dice claramente que debemos tener comunión con otros creyentes en la iglesia. La Biblia nos dice con claridad que no dejemos de congregarnos (Hebreos 10.25). ¿Por que? Porque a cada persona en el cuerpo de Cristo se le ha dado una personalidad exclusiva, un grupo de habilidades y destrezas, al menos un don ministerial y talentos naturales. Dios espera que cada uno de nosotros haga partícipes a otros creyentes de esos atributos únicos de un modo generoso y afectuoso, de tal manera que se suplan las necesidades dentro de un grupo particular de creyentes y el evangelio se extienda a los que están fuera de la iglesia. Nos necesitamos unos a otros en la iglesia. Somos parte unos de otros.

En la iglesia que dirijo tenemos miembros que representan a más de cincuenta naciones. ¡Qué cálido compañerismo tenemos!

Quizás usted no vaya a una congregación tan grande o tan diversa, pero en un sentido sí pertenece a tal iglesia. Como creyentes en Cristo, todos somos parte del mismo Cuerpo de Cristo que abarca el mundo entero. El Espíritu Santo lo conecta a usted con creyentes de todas partes. El apóstol Pablo escribió: «Ya no hay judío ni griego; no hay esclavo ni libre; no hay varón ni mujer; porque todos vosotros sois uno en Cristo Jesús. Y si vosotros sois de Cristo, ciertamente linaje de Abraham sois, y herederos según la promesa» (Gálatas 3.28-29). Pablo escribió a los efesios: Existe «un cuerpo, y un Espíritu, como fuisteis también llamados en una misma esperanza de vuestra vocación; un Señor, una fe, un bautismo, un Dios y Padre de todos, el cual es sobre todos, y por todos, y en todos» (Efesios 4.4-6).

Jesús oró por sus discípulos y por nosotros la noche antes de su crucifixión:

No ruego solamente por estos, sino también por los que han de creer en mí por la palabra de ellos, para que todos sean uno; como tú, oh Padre, en mí, y yo en ti, que también ellos sean uno en nosotros; para que el mundo crea que tú me enviaste. La gloria que me diste, yo les he dado, para que sean uno, así como nosotros somos uno. Yo en ellos, y tú en mí, para que sean perfectos en unidad, para que el mundo conozca que tú me enviaste, y que los has amado a ellos como también a mí me has amado (Juan 17.20-23).

> **Como creyentes en Cristo todos somos parte del mismo Cuerpo de Cristo que abarca el mundo entero. El Espíritu Santo lo conecta a usted con creyentes de todas partes.**

La oración de Jesús fue que pudiéramos tener un fuerte sentido de pertenencia a Dios y un fuerte sentido de pertenencia de unos con otros, hasta el punto de tener unidad de creencias, comunión, comunicación, fe y propósito.

Toda persona tiene momentos de soledad de vez en cuando. ¿Estoy solo alguna vez? Sí. Pero sé qué hacer cuando estoy solo. Trabajo en mi relación con el Señor Jesucristo y me extiendo para llamar a mis amigos e invitarlos a venir o a ir a algún lugar conmigo. Ninguna persona debe aceptar la soledad como un hecho en su vida. Dios tampoco desea que la soledad sea el estado general de ser de alguna persona. La profunda soledad y la paz no pueden coexistir.

Jesús siempre llamó a su pueblo a estar en asociación los unos con los otros. Envió a sus discípulos de dos en dos (Lucas 10.1). Dijo que estaría presente siempre que estén «dos o tres congregados en mi nombre» (Mateo 18.20). Él dijo que «si dos de vosotros se pusieren de acuerdo en la Tierra acerca de cualquiera cosa que pidieren», Él la haría (Mateo 18.19).

Alguien que vive en una isla es una persona que ha optado por una existencia aislada, solitaria y fuera de contacto con otros. Nadie puede vivir mucho tiempo de esa manera antes que un profundo malestar invada su corazón.

Confíe en que Dios le ayudará a obtener un profundo sentimiento de pertenencia a Él y que le dará una familia de creyentes a quienes pueda pertenecer.

A medida que crece en amistades, extiéndase a otros. Dése a otros de modo verdadero y generoso. Dé su tiempo, dé palabras de sincero afecto, dé un oído que escuche, dé consuelo, dé ánimo, ame a otros con el amor del Señor que fluye de usted hacia ellos.

Vuélvase un miembro leal y fiel de su iglesia. Encuentre un lugar al que sienta que pertenece de verdad y alimente a quienes están con usted en esa comunidad. Incluso mientras se vincula con otros creyentes, extiéndase a aquellos que no creen para animarlos a unirse a su grupo y ser parte de su cálido compañerismo.

Creencia esencial Nº 5:
Dios tiene un plan para que usted lo realice

Para una verdadera paz interior una persona debe saber que es competente, capaz, hábil y apta para hacer algo. Ese algo podría ser una tarea que el mundo como un todo considere de baja categoría o de servicio. Sin embargo, si puede realizarla, y sabe que la hace bien, ¡usted es competente!

Hace muchos años almorcé con un grupo de personas en un restaurante que es parte de una cadena popular. Estábamos sentados a una mesa desde donde veíamos a los cocineros que realizaban su tarea en la cocina. Una de las mujeres del grupo, a quien yo conocía como buena gastrónoma, se quedó mirando a los cocineros que trabajaban.

—Me encanta cocinar y soy buena cocinera, pero te diré algo: nunca podría hacer lo que esos hombres hacen —dijo.

—¿Qué quieres decir? —le pregunté.

—No podría hacer malabarismos con tantos pedidos, preparar tantas clases de alimentos, oír nuevos pedidos que vienen de varias meseras y preparar una orden, todo en cuestión de minutos, y al mismo tiempo ver cómo mantener la parrilla limpia y las papas fritas en la freidora.

Hay una maravillosa sensación de paz que llega cuando usted sabe que es capaz de tener un buen desempeño o hacer un buen trabajo. Eso es cierto, sea un violinista de concierto a punto de entrar al escenario para una representación, un jugador de béisbol a punto de salir corriendo hacia la almohadilla del bateador, una mamá que cambia el pañal a un bebé mientras vigila a un travieso niño de dos años, un abogado a punto de hacer una afirmación de apertura ante un jurado, un maestro preparándose para recibir un grupo de estudiantes el primer día de clases, un cirujano a punto de entrar al quirófano… o un cocinero que comienza a preparar una hamburguesa con queso.

RECHACE LAS DUDAS PERSISTENTES SOBRE USTED

Quienes no se sienten competentes tienen un sentimiento de que podrían estar a punto de fallar. A menudo se dicen: «En realidad no sé cómo hacer esto y estoy a punto de ser descubierto», «¿y si hago daño a alguien porque no soy precisamente bueno en esto?», «no debería estar aquí haciendo esto». Estas dudas persistentes sobre sí mismo destruyen la paz interior.

El deseo de Dios para toda persona es que se vuelva diestra en el uso de los talentos y aptitudes que Él le entrega en el momento de nacer, así como también que emplee los dones ministeriales que le ha dado cuando recibe la salvación. Convertir los talentos y dones en habilidades es parte de nuestra responsabilidad. A veces se necesita educación o adquirir conocimientos específicos para llegar a ser competentes. Otras veces se necesita el aprendizaje de tareas repetitivas. Siempre se necesita práctica. Nadie es competente por completo en cualquier actividad la primera vez que la intenta. Eso es tan cierto para usted como para un niño pequeño que aprende a caminar y a alimentarse por su cuenta; también es cierto para un comerciante principiante que aprende a intercambiar mercancía, o para un joven predicador a punto de entrar al púlpito por primera vez. Usted podría ser bueno como principiante, pero si es sincero consigo mismo, reconocerá que no es un experto la primera vez que pone en práctica alguna destreza.

Siga aprendiendo y practicando

Dios desea que todos los días de nuestra vida continuemos desarrollando nuestros talentos, aptitudes y dones ministeriales. Nunca debemos dejar de practicar o parar el aprendizaje, no importa cuán experimentados y habilidosos nos hayamos vuelto. Me han dicho que los grandes concertistas de piano practican de modo rutinario. Los atletas más destacados se ejercitan y practican ejercicios básicos en prácticas de entrenamiento y sesiones de calentamiento, no importa cuántos años hayan estado en categorías profesionales.

Mi pasatiempo favorito es tomar fotografías, revelar las películas e imprimir fotos en mi cuarto oscuro. He tomado decenas de miles de fotos en mi vida. También he asistido a seminarios y en muchas ocasiones me he aprovechado de la instrucción de expertos. Como rutina leo revistas y materiales instructivos que describen nuevas técnicas en el cuarto oscuro o hablan de nuevas cámaras o productos fílmicos. Soy mejor fotógrafo ahora que hace treinta años, ¡pero también creo firmemente que no soy tan bueno como lo seré dentro de diez años! Mi intención es seguir aprendiendo y mejorando cada año por el resto de mi vida.

Dios no lo llevará a convertirse en algo sin ayudarle a ser lo mejor que posiblemente pueda ser en ese campo. No le dará un talento para luego fallar en darle la oportunidad de descubrirlo, usarlo, desarrollarlo, practicarlo y perfeccionarlo.

CONFÍE EN QUE DIOS LE AYUDARÁ A APRENDER Y A CRECER

Por favor, no me malinterprete en este asunto de la capacidad o la competencia; no hay nada erróneo en sentir cierta dosis de incompetencia o ineptitud. Estas son dos cosas diferentes:

- La incompetencia expresa: «No puedo hacer esto porque me falta algo».

- La ineptitud expresa: «No puedo hacer esto en mis propias fuerzas».

El apóstol Pablo escribió: «No es que seamos competentes por nosotros mismos para pensar algo como de nosotros mismos, sino que nuestra competencia proviene de Dios» (2 Corintios 3.5).

El mismo hecho de que sea capaz de seguir aprendiendo y desarrollándose le dice que nunca estará completamente capacitado en algo. Cada uno de nosotros tendrá siempre mucho espacio para crecer, y eso es parte del diseño de Dios para nosotros. Tampoco seremos totalmente aptos porque siempre tendremos una necesidad de que Dios haga en nosotros, por nosotros y a través de nosotros lo que solo Él puede hacer. El Señor es el autor y consumador de nuestras vidas; no solo de nuestra fe, sino de todos los aspectos del potencial que ha levantado en nosotros.

Como pastor sé que es el Señor quien completa lo que predico. A menudo recibo informes de cómo Él ha hecho que una persona oiga algo que he predicado con un énfasis o un impacto mayor del que puse en el sermón. El Señor tiene una manera de personalizar su Palabra, incluyendo la Palabra predicada, para cada persona que la escucha. Él lo hace para que el individuo aplique el mensaje a su corazón y a su vida, y responda del modo en que el Padre desea. En realidad, la capacidad de cualquier sermón yace en lo que Dios hace con él después que sale de los labios del predicador.

Lo mismo se aplica a su trabajo, sin importar de qué se trate. Usted puede enseñar lo mejor de su habilidad, pero es el Señor quien completa el proceso de aprendizaje en la mente y el corazón del estu-

> **El mismo hecho de que sea capaz de seguir aprendiendo y desarrollándose le dice que nunca estará completamente capacitado en algo. Cada uno de nosotros tendrá siempre mucho espacio para crecer, y eso es parte del diseño de Dios para nosotros.**

diante. Usted puede realizar un procedimiento quirúrgico con lo mejor de su habilidad, pero es el Señor quien completará el proceso de sanidad en la vida de un paciente. Usted puede plantar semillas, y después regarlas, fertilizarlas y cultivar un campo, pero es el Señor quien transforma las semillas en una cosecha.

Cuando se sienta menos que enteramente competente, no se encierre diciendo: «No puedo, no puedo, no puedo». En lugar de eso diga: «Por la gracia de Dios, y con su ayuda, puedo hacer esto». El Señor es mi suficiencia. Él está viviendo dentro de mí y me hará apto para cualquier tarea a la que me llame. ¡Él me dará visión, conocimiento, dirección, fortaleza, energía, vitalidad, enfoque, socios, contactos y todas las demás cosas necesarias!

En cualquier momento que se sienta insuficiente, vaya ante Dios y diga: «Me siento insuficiente. Confío en que seas mi suficiencia».

Si siente que no tiene sabiduría, confíe en que el Señor sea su fuente de sabiduría.

Si se siente débil o agotado, confíe en que Dios sea su fortaleza.

Si siente que no tiene los recursos adecuados, confíe en que el Señor le dará lo que necesite.

El apóstol Pablo dijo: «Todo lo puedo en Cristo que me fortalece» (Filipenses 4.13). También escribió cómo el Señor le habló y le dijo: «Bástate mi gracia; porque mi poder se perfecciona en la debilidad». La respuesta de Pablo fue: «De buena gana me gloriaré más bien en mis debilidades, para que repose sobre mí el poder de Cristo ... porque cuando soy débil, entonces soy fuerte» (2 Corintios 12: 9-10).

Pablo sabía que cuando era débil, Cristo haría más que compensar su debilidad, y el resultado sería mucha más fortaleza de la que podría tener separada de Él. Lo mismo se aplica a usted y a mí. Cuando confiamos en que Jesucristo sea nuestra suficiencia, Él toma cartas en el asunto y nos hace más de lo que somos en nuestra fortaleza, en nuestro intelecto o en nuestra habilidad. Si estamos dispuestos a confiar y descansar en Él, tomará lo que ofrecemos (hacer y dar lo mejor de nosotros) y lo resaltará con su presencia, su poder, su sabiduría y su espíritu creativo. Él producirá más de lo que de otro modo sería física, natural o materialmente posible.

Todos enfrentamos situaciones en nuestras vidas que nunca antes hemos vivido. Cualquier empresa nueva (ya sea salir de la universidad, casarse, tener un bebé, empezar un nuevo trabajo o negocio, cambiar de profesión, emprender un ministerio de evangelización), desafiará nuestra competencia. Si usted espera hasta «tener todo listo» antes de intentar algo que nunca antes ha hecho, no dará un paso para hacerlo. Se necesita fe para empezar algo, y parte de nuestra expresión de fe es decirnos: «Quizás yo no esté capacitado, pero como Cristo mora en mí, y estoy ejecutando su voluntad, su plan y su propósito en mí, ¡estoy capacitado!»

Alguien que se siente fracasado no tiene paz. Quien se siente como si estuviera parado sobre una fina capa de hielo, boca arriba, o que carga encima más de lo que puede soportar, no tiene paz.

Créale a Dios cuando dice que lo ama. Confíe en que Él le ayudará a realizar cualquier cosa que le guíe a emprender.

NO DESACREDITE SU PROPÓSITO

Finalmente, cuando Dios le revela el propósito que tiene para usted, no lo pase por alto. Nunca diga a otros: «Solo soy...»

Toda clase de trabajo honesto, moralmente sano y hecho como para Dios es digno de recompensa, digno de que usted dé lo mejor de su capacidad, y digno de respeto.

¿POR QUÉ TAL ÉNFASIS EN LO QUE USTED CREE ACERCA DE DIOS?

¿Por qué le estoy dando tanta importancia a lo que usted cree acerca de Dios y de su relación con Él?

Porque si cree de veras que Dios no es soberano...

Si no cree que el Señor desea proveer por completo para usted de modo material, físico, emocional y espiritual...

Si no cree que Dios lo considera digno y encantador...

Si no cree que Dios se preocupa por su soledad...

Si no cree que Dios tiene un plan para realización y satisfacción suya...

...Entonces no confiará en que Dios hace lo que quiere hacer por usted. No confiará en que le dará paz. No se pondrá en una posición de recibir todas las bendiciones que Él desea derramar sobre usted.

Así como es de importancia crítica que no deje a un lado su paz, también es crítico que se levante, se comprometa firmemente con creencias correctas acerca de Dios y de la relación de Él con usted, y abrace estas creencias por completo.

Si usted es un individuo que sostiene una verdad relativa, si compromete rápidamente sus creencias o no tiene convicciones verdaderas, no tendrá paz profunda. No puede tener paz profunda. Siempre tendrá alguna clase de inestabilidad en su interior, yendo de emoción en emoción y de opinión en opinión, sin alcanzar de verdad un lugar donde haya «resuelto el asunto» en su mente y en su corazón respecto de los temas más importantes de la vida.

Enfrente hoy su vida. ¿Tiene tranquilidad profunda? ¿Valora de veras quién es usted, por qué está en la tierra y las características que

Dios le ha dado? ¿Le gusta la persona que el Señor anhela que usted sea? ¿Cree que Dios tiene un plan y un propósito para usted? ¿Cree que Él tiene un lugar al que usted puede pertenecer y donde puede ser amado?

Si no es así, pídale al Señor que le ayude a tratar con el conflicto interior que siente. El deseo de Dios es que usted pueda experimentar serenidad en su corazón, para que pueda disfrutar su vida, sus relaciones con otras personas y su relación con Él. El Señor quiere unir la fragmentación, conectar los pedazos de su vida y calmar la agitación que siente por dentro. Él desea darle paz y acabar con la confusión de su corazón.

CÓMO SU VIDA DE PENSAMIENTO AFECTA SU PAZ

Hace algunos años hice un viaje a las montañas rocosas canadienses para tomar fotografías. Después de un par de días tomando fotos en esta hermosa región del mundo comencé a anhelar un poco de nieve. Hay algo maravilloso en la nieve en las montañas: las fotografías de las montañas, los árboles de hojas perennes, las rocas y otras características del terreno escabroso tienen mucho más contraste y son más interesantes después de una nevada, especialmente si está fotografiando con un rollo en blanco y negro. Una noche me acosté orando para que nevara… no demasiado, por supuesto, sino lo suficiente.

Cerca de la medianoche desperté con un gran peso en el pecho y las piernas. Mi tienda se había caído. Mi primer pensamiento fue: ¡un oso! Tenía la certeza de que un oso se había abalanzado sobre la tienda en busca de un bocadillo de medianoche… ¡que ojalá no fuera yo!

Me encontraba tendido sin moverme, agradeciendo que aún pudiera respirar.

Finalmente, como no oí «sonidos de osos» ni sentí movimiento, comencé a retorcerme un poco y logré empujar la tienda y salí a gatas.

¿Encontré evidencia de un oso? No. Lo que encontré fueron aproximadamente diez centímetros de nieve que cubrían mi campamento, incluyendo las tiendas y todo nuestro equipo. Mi tienda se había derrumbado bajo el peso de esta húmeda nieve de principios de otoño.

Aunque había orado pidiendo nieve, me sorprendió verla. Cuando mi tienda se derrumbó, mi mente aún no había sacado la conclusión *debió haber nevado*. Al contrario, mi mente sacó esta conclusión: *¡Estoy a punto de ser comido vivo!* Entonces mi cuerpo reaccionó de acuerdo con mi pensamiento. Si hubiera estado pensando en *nieve,* seguramente no habría sentido que se apoderaba de mí un miedo paralizador.

A la mayoría de nosotros no nos gusta enfrentar esto, aunque sabemos que es cierto: lo que usted piensa determina enormemente lo que dice y hace. Sus pensamientos, que salen de sus creencias básicas, son como los controladores de tráfico de su vida. Determinan adónde va, qué actividades realiza, cómo las realiza, qué personas está dispuesto a incluir en su vida y muchos otros factores, todo lo cual resulta en su éxito o fracaso final.

El modo en que usted piensa de otras personas repercute en el modo en que las trata. La manera en que piensa acerca de situaciones se convierte en la manera en que responde a ellas. Las cosas que piensa que son importantes se convierten en sus prioridades, y a su vez sus prioridades determinan cómo planifica una semana, programa un día o planea una serie de planes y metas.

DECIDA CAMBIAR SU MANERA DE PENSAR

Las personas, en su mayoría, no son en realidad lo que creen ser. Casi todas tienen una impresión demasiado inflada, inexacta o demasiado negativa de sí mismas. Nuestra tendencia humana es hacia el orgullo, error, baja autoestima o una combinación de todo esto. Nuestra propia percepción a menudo la distorsionan la autojustificación, los deseos egoístas o la influencia de quienes nos rodean.

Muchas personas tienen una vida de pensamiento que se parece un poco al concreto: ¡todo mezclado y extremadamente rígido! Han adquirido una mezcolanza de pensamientos tanto buenos como malos. Han confundido eso con sus deseos carnales y han endurecido sus corazones a cualquier cambio piadoso.

La Palabra de Dios se refiere a tales sujetos como *necios*, o que tienen el corazón endurecido. Tercamente intentan vivir según sus propias reglas e impulsos emocionales, con muy poca consideración por la forma en que hieren a los demás y prácticamente sin pensar en los deseos de Dios.

No, la mayoría de nosotros no es lo que piensa que es. Nuestro pensamiento está estropeado y es necesario cambiarlo.

¿Cómo sé que esto es cierto? No solo por las muchas personas con quienes he tenido contacto a través de los años, sino también por la Palabra de Dios. La Biblia nos llama a renovar nuestra mente. Eso significa cambio; quiere decir cambiar nuestras antiguas percepciones, antiguas opiniones, antiguas ideas, antiguas creencias y antiguas actitudes egoístas por una nueva serie de percepciones, opiniones, ideas, creencias y actitudes que Dios desarrolla en nosotros. La mayoría de los creyentes maduros le dirán que estas respuestas se nutren de la lectura regular de la Biblia y de meditar en lo que se lee en ella. A los seguidores de Cristo se les insta: «No os conforméis a este siglo, sino transformaos por medio de la renovación de vuestro entendimiento, para que comprobéis cuál es la buena voluntad de Dios, agradable y perfecta» (Romanos 12.2).

De una renovación de nuestro entendimiento proviene un cambio en nuestra forma de hablar y nuestra conducta. A medida que nuestra forma de hablar y nuestra conducta se renuevan, nuestras relaciones con los demás también se renuevan. A medida que nuestras relaciones se renuevan, nuestro mundo inmediato se renueva. Todo comienza en la mente, con aquello en lo que decidimos pensar y meditar.

SIETE CATEGORÍAS DE PENSAMIENTOS
QUE DESTRUYEN LA PAZ

Existen siete categorías de pensamientos que hacen mucho daño a nuestra paz:

1. PENSAMIENTOS DE PECADO

Estos pensamientos incluyen deseos lujuriosos de poder, dinero, prestigio o sexo fuera del matrimonio. La lujuria y la paz no pueden vivir en el mismo corazón. La lujuria es un deseo controlador que atrae y obliga a una persona a hacer lo opuesto a los mandamientos de Dios. Los pensamientos de pecado también incluyen enojo, resentimiento, envidia, amargura, odio, hostilidad, temores dominantes y pensamientos de venganza. Estos también son contrarios a la Palabra de Dios.

La Biblia describe estos pensamientos como malos. Ellos alejan a una persona de Dios en lugar de acercarla a Él.

La persona enojada no es amante de la paz.

El amargado o resentido no es alguien pacífico.

La lujuria y la paz no pueden vivir en el mismo corazón.

El sujeto consumido por la lujuria sexual no está en paz. Tampoco lo está aquel que es consumido por una lujuria por los bienes materiales, la posición o el poder sobre los demás.

La persona manejada por el odio y la venganza no tiene paz. Tampoco tiene paz alguien consumido por la envidia o por un espíritu de codicia. Tampoco la posee quien tiene fuertes prejuicios y opiniones que simplemente se niega a abandonar, incluso a la luz de abundante evidencia contraria.

El individuo lleno de un temor dominante no está en paz.

El engaño del diablo es que usted puede albergar pensamientos y actitudes de pecado, tener comportamientos pecaminosos, y aun sentir paz. La verdad de Dios es que usted no tendrá paz a menos que confronte esos patrones de pensamiento en su vida, los confiese a Dios, obtenga perdón y luego empiece a confiar en que el Espíritu Santo le ayudará a cambiar hacia patrones positivos y piadosos de pensamiento.

2. PENSAMIENTOS AUTOLIMITADORES

Con el paso de los años he oído a mucha gente decir: «Sé que Dios me ha llamado, pero sencillamente no puedo estar en el ministerio», «sé que Dios tiene esto para mí, pero no estoy calificado o no soy digno para recibirlo», «sé que no gusto a la gente» o «conozco personas con mi educación que simplemente no triunfan en la vida».

Los pensamientos de limitación propia están arraigados en profundos sentimientos de rechazo, falta de valía o falta de amor. Muchos de estos sentimientos se originaron en la tierna infancia.

Mientras más se rebaje usted, más niega el poder de Dios para levantarlo. Mientras más menosprecie los dones y talentos que Dios ha puesto en su vida, probablemente menos buscará desarrollarlos.

En su interior el individuo que se limita a sí mismo es inquieto, frustrado y ansioso; hay una parte de su potencial que añora ser utilizado, pero el pensamiento limitador mantiene ese potencial embotellado y sin vía de escape. Como consecuencia, no hay paz.

3. PENSAMIENTOS ERRÓNEOS

A veces por ignorancia pensamos «de modo incorrecto». Sencillamente no conocemos la motivación de una persona, la verdad acerca de una circunstancia o los hechos de una situación.

La mayoría de las personas tiende a pensar lo peor acerca de otras, en lugar de pensar lo mejor. Si usted piensa que alguien es malo, poco confiable o indigno de darle tiempo o atención, sin valor ante los ojos de Dios, deshonesto o hiriente no querrá tener una relación con tal persona; no estará dispuesto a acercársele o a mostrarse vulnerable ante ella; tendrá un poco de temor o ansiedad hacia ella. Esos sentimientos son incompatibles con la paz.

Algunas veces nuestra evaluación de otras personas es correcta, pero otras veces es equivocada. Lo que percibimos como una actitud de altivez o indiferencia podría ser en realidad una sensación de cautela o evaluación silenciosa en la otra persona. A menudo lo que percibimos como orgullo es en realidad confianza. Lo que percibimos como actitud manipuladora es en realidad un deseo de ayudar.

Es importante asegurarnos de que nuestras percepciones sean exactas. Evalúe por qué mantiene sus opiniones sobre otra persona. ¿Permanecen sus opiniones constantes con el tiempo, en una variedad de circunstancias y situaciones, y continúan verdaderas en otras relaciones distintas de la que tiene con esa persona?

Otro gran error que una persona comete es pensar que está aislada y sola. La verdad es que nadie está solo de veras. Dios tiene a alguien que desea acercarse a usted como amigo, guía, consejero, ministro, maestro, cónyuge o vecino. El individuo que dice «estoy solo» percibe que nadie se da a él. ¡El antídoto contra la soledad siempre es comenzar a darse a otros! ¡Si en su interior deja de ser una persona «debo recibir» para convertirse en una persona «debo dar» se verá relacionándose con la gente y no estará solo!

Hay alguien que necesita lo que usted tiene para dar. Esto podría ser su oído atento, su sabio consejo, su ayuda práctica, sus oraciones intercesoras o quizás solo su presencia cerca de él. Encuentre una forma de dar y no estará solo. Tal vez descubra que ese alguien que Dios ha destinado para que sea su amigo es una persona que conocerá al darse. Ese individuo será un recipiente de su entrega o alguien que dé a su lado.

Errores en nuestro modo de pensar acerca de Dios. Por desgracia, muchos individuos tienden a pensar lo peor acerca de Dios, ¡en lugar de creer lo mejor de Él! Ya mencioné en este libro las graves equivocaciones que

> La verdad es que nadie está solo de veras. Dios tiene alguien que desea acercarse a usted como amigo, guía, consejero, ministro, maestro, cónyuge o vecino.

algunas personas cometen en sus percepciones acerca de Dios. Quiero volver a resaltar la locura de esta manera de pensar.

Con el paso de los años he oído reiteradamente echarle la culpa a Dios por una tragedia, una catástrofe o la muerte de un familiar o un amigo. Dios no envía tragedias a la vida de alguien. Esa es la obra del enemigo de nuestras almas. Quien culpa a Dios por situaciones que van mal en su vida (como varias injusticias, maltratos o perjuicios cometidos contra él o ella) es una persona que no está dispuesta a confiar en Dios. Lo cierto es que la confianza en el Señor reside en el corazón de paz.

Piense por un instante en un niño o un bebé que duerme pacíficamente o que despierta calmada y tranquilamente en brazos de la madre. Ese bebé tiene una total sensación de que los brazos de su madre son seguros. Su confianza le permite descansar en paz.

Sin embargo, si un niño está en brazos de un extraño (alguien que no conoce, y por lo tanto en quien no confía) estará agitado, nervioso, fastidiado, y quizás comience a llorar con ansiedad. No tiene paz.

Errores en nuestro modo de pensar acerca de la Palabra de Dios. Muchos individuos tienen ideas equivocadas acerca de la Biblia. Creen que no es exacta, que no es la Palabra de Dios, que no es válida para el mundo actual o que no se relaciona con sus vidas cotidianas. Se equivocan en todas las consideraciones. Quien no confía en la exactitud y confiabilidad de la Palabra de Dios es una persona que no tiene fundamento para encontrar, recibir o aceptar la paz que Dios ofrece. Sin la Biblia no existe base sobre la cual confiar en Dios, recibir el perdón de Dios o saber con certeza qué es bueno y qué es malo. Fuera del mensaje de Dios no hay fundamento para un verdadero entendimiento acerca de cómo desarrollar una relación continua con Él o una relación tranquila con los demás.

Errores en nuestro modo de pensar acerca de la salvación. Estos son tres de los errores más grandes que he oído respecto de la salvación:

- *He pecado mucho como para ser salvo.* A menudo en la Biblia se representa al Señor como un ser *sufrido* para con nosotros, lo cual significa que tiene paciencia. Se le representa como un ser lleno de misericordia hacia nosotros, lo que significa que está listo para perdonar en el momento en que nos volvemos hacia Él para confesar nuestros pecados y recibir su misericordia. Desde la fundación del tiempo su deseo siempre ha sido que recibamos a Jesús como nuestro Salvador y vivamos con Él para siempre.

- *He cometido un pecado imperdonable.* El mismo hecho de que usted esté cuestionando si ha cometido un pecado imperdonable significa que no lo ha cometido. Quienes cometen un pecado imperdonable son aquellos que han rechazado a Dios hasta el punto de no tener absolutamente ningún deseo de conocerlo ni de tener relación con Él. Se han cortado ellos mismos por completo de cualquier conciencia de Dios y están desprovistos de conciencia. ¡Dudo mucho de que usted haya hecho esto si está leyendo este libro!

- *Ahora soy salvo, pero no estoy seguro de que mi salvación dure.* La Biblia nos dice que quienes reciben a Jesús como su Salvador nacen de nuevo en su Espíritu. Lo que es nacido del Espíritu Santo nunca puede ser no nacido de Él. El Espíritu Santo nos *sella* como hijos de Dios para siempre. Nada hay que podamos hacer para *desellar* lo que Dios ha sellado.

Tal vez usted vacile en sus disciplinas espirituales. Quizás camine alejado de Dios y llegue a un lugar en el que ya no experimenta comunión íntima con Él. Podría rechazar las insinuaciones condenatorias del Espíritu Santo en la búsqueda de sus propios deseos pecaminosos. Posiblemente se pierda muchas oportunidades y bendiciones que Dios desea darle. Tal vez fracase en seguir el llamado de Dios para su vida y se pierda muchas de las recompensas eternas que Él ha planeado para usted. Pero creo que usted no puede *deshacer* su salvación.

Quienes de verdad reciben a Jesucristo como su Salvador querrán conocerlo mejor, obedecerle, seguirlo y continuar madurando en su fe. En lugar de cuestionar si es salvo para siempre, quizás debería preguntase: «¿Rendí de veras toda mi vida al Señor?» Si lo hizo, entonces usted es propiedad de Cristo para siempre. La convicción que siente en el corazón no es la convicción de aceptar a Cristo como Salvador, sino más bien una convicción de regresar a Cristo y seguirlo más íntimamente como su Señor.

Estos tres errores principales relacionados con su salvación pueden destruir su paz. Crean una base poco firme para su fe. La paz es algo que llega como subproducto de creer lo que es cierto acerca de Dios y su perdón de nuestro pecado.

Errores en el modo de pensar acerca de la Iglesia. Si usted comienza a creer que no necesita estar en comunión con otros creyentes se aislará de la verdadera amistad, de las oportunidades de dar sus dones ministeriales y de recibir los dones ministeriales de otros. Entonces es muy probable que se sienta reprimido, solo o desconectado espiritualmente. Se podría sentir rechazado, sin afecto, no deseado o separado. Ninguna de estas emociones es compatible con la profunda paz interior. Son el resultado de un error al pensar que una persona puede arreglárselas sola espiritualmente. Dios puso a su pueblo en un cuerpo de compañerismo para que cada uno pueda servir a otras personas y recibir beneficios de otros creyentes (Romanos 12.3-13; 1 Corintios 12.4-11; Hebreos 10.25).

4. Pensamientos poco realistas

Suponga que le digo: «Voy a renunciar a ser pastor y dentro de cinco años seré un científico en temas espaciales». ¡Esa sería una de las afirmaciones más irreales que podría hacer alguna vez!

Cada vez que las personas fijan para sus vidas metas que exigen gran lucha, intensa frustración, repetidos fracasos y manipulación de los demás, esas metas son poco realistas. No están dentro del reino de los talentos y habilidades que Dios les ha dado. Están más allá del plan y del propósito del Señor para sus vidas.

Bueno, no estoy diciendo que el logro de metas no requiera esfuerzo, educación, entrenamiento o desarrollo de habilidades. Esos factores siempre participan en la obtención de cualquier meta que valga la pena. Dios no nos da talentos y habilidades que estén desarrollados por completo. Él exige que los afilemos y los maduremos con el uso.

Pero otra cosa completamente distinta es que usted se convierta en un cantante de ópera cuando es desentonado, que siga una carrera como gimnasta cuando es una mujer de treinta años con un metro ochenta de estatura y una estructura ósea pesada, que anhele ser el director de una galería de arte cuando es daltónico, que siga la carrera de contador cuando siempre ha tenido dificultad con las matemáticas, que busque convertirse en enfermera cuando en realidad no le gusta estar alrededor de gente enferma, y así podría continuar. Fijar para usted metas poco realistas es invitar a la preocupación, la frustración y la confusión interior.

Cualquier idea que usted siga que sea contraria al propósito de Dios para su vida, a los mandamientos de la Biblia o al plan de salvación es una idea que no está enraizada en la realidad. Es una idea que tiene una falla intrínseca. Es una idea que le ocasionará gran agitación interior, no paz.

Dios no lo guiará a pensamientos poco realistas.

Aparentemente imposible y poco realista no es lo mismo. Usted podría decir: «Sin embargo, el Señor parece estar instándome hacia una meta que me parece imposible». No dije que el Señor no lo desafiaría a hacer lo que a usted le parece imposible. Dije que no lo guiaría a algo que fuera poco realista.

Las metas imposibles que el Señor pone ante nosotros son objetivos que están en conformidad con los talentos y habilidades que Él nos ha dado. Son aspectos que no podemos lograr separados del uso de nuestra fe. Hay una dimensión para estas metas que es el Reino de Dios. Solo Él puede hacer que todas las piezas engranen. Solo Él puede hacer que las semillas del tiempo, el esfuerzo y las habilidades asociadas con la meta se concreten por completo.

Hace varios años oí de un hombre que había tenido dos sueños. Uno era el de comprar una tierra bastante grande de labranza. Había solo un problema con esta idea. No había suficiente agua con la cual producir cosechas que valieran lo suficiente como para hacer los pagos de la tierra. El otro sueño era dar un millón de dólares, en un período de veinte años, para ayudar a extender el mensaje de Dios y el ministerio en el mundo.

¿Eran poco realistas estas metas? No. Este hombre ya había cultivado varios centenares de hectáreas. Se había criado en una familia de agricultores y había cultivado toda su vida. Él sabía qué se necesitaba para hacer producir la tierra. También era un fiel dador de sus diezmos y ofrendas. Ya estaba dando a la Iglesia aproximadamente veinte mil dólares al año. Además, tenía la firme creencia de que Dios proporcionaría un medio de llevar agua a la tierra con la que soñaba, y ya había consultado con ingenieros y geólogos acerca de varios planes de riego.

Este hombre sentía tan firmemente que iba a comprar la tierra que hizo un pago inicial. En cuestión de semanas después de dar ese paso se supo que el gobernador iba a construir un proyecto multimillonario de riego. ¡Se construiría un canal importante al lado de la propiedad que este hombre acababa de comprar!

De la noche a la mañana se cuadruplicó el valor de esa tierra. El hombre vendió ochenta hectáreas y obtuvo gran utilidad por ello.

Con ese dinero pudo desarrollar más la tierra restante y plantarla con cosechas de gran rendimiento. Y alcanzó su meta de dar un millón de dólares a causas misioneras en doce años, ¡no en veinte!

¿Eran poco realistas los sueños de este hombre? No. Estaban de acuerdo con sus habilidades, sus deseos, su experiencia y la región en la cual ya vivía. ¿Era imposible su sueño? En las mentes de muchos, sí. Quienes solo veían la realidad actual de la tierra no se podían imaginar cómo un día podría producir cosechas viables con buenas utilidades económicas. Se necesitaba mucha fe y esperar el tiempo de Dios. La meta no era imposible, solo parecía imposible en esa época.

5. Pensamientos rebeldes

Quienes se dedican a tener pensamientos rebeldes son los que dicen: «Sé lo que dice la Palabra de Dios, pero de todos modos haré lo que quiero». Recuerdo que me senté a hablar con un hombre en el porche de su casa. Me contó lo que iba a hacer.

—Nunca tendrás paz si haces eso —le dije—. Esa es una violación de la ley de Dios.

—Lo sé —contestó mirándome a los ojos—. Pero de todos modos lo haré porque eso es lo que quiero.

—Por favor, no lo hagas —le rogué—. Estarás cometiendo una terrible equivocación.

—A lo mejor sí —dijo—, pero será mi equivocación.

Las cosas resultaron exactamente como el hombre quería... y como yo le había vaticinado. Las decisiones que tomó crearon un desastre en su vida, y en las vidas de todos los que estaban inocentemente involucrados.

Rebelión «todo es muy natural». Existe una forma de rebelión que está arraigada en esta decisión: «Me pareció muy natural».

Cada vez que tenga una idea que simplemente siente correcta en sus emociones, o la siente como *lo más natural* que la humanidad pueda hacer, deténgase. Vuelva a evaluar lo que está pensando hacer. Sopéselo contra los mandamientos de Dios. Lo que sentimos

> Cada vez que tenga una idea que simplemente «siente correcta» en sus emociones, o la siente como «lo más natural» que la humanidad pueda hacer, deténgase.

que nos gustaría hacer en el momento no es a menudo lo que debemos hacer.

La mayoría de los impulsos del hombre natural están enraizados en deseos egoístas: codicia, lujuria, ansias de poder o control. Cuando nos regimos por el enfoque *natural* de vida, casi siempre terminamos en un desorden. Estamos operando aparte del plan de Dios, y Él no puede impartir paz o bendición sobre un plan que es contrario a su voluntad.

Rebelión de «vacilación». Hay una segunda forma de rebelión que llamo *rebelión de vacilación*. Alguien podría saber con gran claridad y confirmación lo que Dios quiere que haga, pero termina diciendo: «Voy a pensarlo». Su vacilación podría estar arraigada en el temor o dudas de sí mismo. Se podría basar en una falta de fe; una falta percibida de energía, fortaleza o recursos requeridos para la tarea; o en simple pereza. Algunas veces una persona sencillamente no quiere hacer el esfuerzo extra que se necesita para salir de su zona cómoda y entrar a un nuevo reto. El resultado final es rebelión; es como si dijera: «Conozco mejor el tiempo de Dios. Haré lo que Él dice cuando yo quiera hacerlo, no cuando Él quiera que yo lo haga».

Rebelión de «excepción». Una tercera forma de rebelión es decirle a Dios: «Rindo toda mi vida a ti, excepto esto». Lo que permanece sin rendirse es una expresión de rebelión.

Cada uno de nosotros tiene el potencial de ser rebelde en nuestro pensamiento. Nunca suponga que es demasiado maduro en su fe o demasiado sabio para caer en rebelión. Pida al Señor que le revele cualquier aspecto en el cual permanece tercamente comprometido a hacer las cosas a su manera, aun cuando sabe que esta es contraria a la manera de Dios, al tiempo de Dios o al deseo de Dios de tener completamente su vida.

No hay compensación para una actitud o modo de pensar rebelde. Ninguna cantidad de buenas obras o entrega económica puede compensar la realidad de que usted esté en desobediencia. Lo que cosecha de esta actitud es una continua agitación interior. No hay paz para el corazón rebelde.

6. Pensamientos obsesivos

Los pensamientos obsesivos son pensamientos que acosan y dominan a una persona, dividiendo su mente y agrietando su pensamiento. La persona que tiene una obsesión no puede enfocarse en nada más que en la obtención del objeto o la meta deseada.

El pensamiento obsesivo podría ser un pensamiento de venganza... alguien está tan decidido a *desquitarse* por un asunto particular que todas las demás actividades y responsabilidades de la vida se quedan a mitad del camino. Todas sus conversaciones y sus acciones rodean la idea central de venganza. Todo pensamiento consciente está desviado hacia maneras de tomar represalias y ocasionar dolor o trastornos en la vida de quien cree que lo ofendió.

Muchas personas están obsesionadas con la manera en que lucen: lo que visten, lo que poseen, lo que conducen, dónde viven. Otros están obsesionados con el pensamiento de que deben estar en público con la *gente adecuada*.

Parte de lo que hace obsesivo a un pensamiento es su cualidad de control o posesión. Los pensamientos obsesivos están arraigados en la actitud: «Debo tener esto. Debo poseer esto, controlar esto, ser propietario de esto, experimentar esto». Un individuo no tiene paz cuando esa clase de pensamientos domina su mente.

Los pensamientos obsesivos siempre llevan a la gente a dar a algo o a alguien mayor prioridad que a su lealtad a Dios. Un compromiso simultáneo con Dios y con una experiencia continua de pensamiento obsesivo no van de la mano.

Usted podría decir: «Pero, ¿qué hay del individuo que piensa continuamente en el trabajo?» Los adictos al trabajo pueden ser obsesivos, a menudo hasta descuidan su vida espiritual y sus familias. Las obsesiones no producen equilibrio en la vida; no producen fruto eterno. Preocúpese si descubre que los pensamientos de trabajo desalojan a todos los demás pensamientos. Por ejemplo, usted tiene pensamientos obsesivos si se encuentra pensando constantemente en el trabajo de tal modo que no logra disfrutar unas vacaciones. Pida que Dios le ayude a recobrar su enfoque principal en Él.

No tendrá paz en su vida mientras se deje consumir por una obsesión.

7. PENSAMIENTOS ESCLAVIZANTES

El pensamiento esclavizante está un paso más adelante del pensamiento obsesivo. Una persona entra en el pensamiento esclavizante cuando quiere pensar en algo más y no puede.

La mayoría de los adictos son víctimas de esta clase de pensamiento. No pueden dejar de pensar en aquello a lo que son adictos. El alcohólico siempre está planificando el próximo trago. El drogadicto siempre está pensando en el próximo pinchazo. Los pensamientos relacionados con la adicción llenan todas las horas en que ellos están despiertos.

Quienes se involucran habitualmente con el pecado pueden tener un pensamiento esclavizante. Por ejemplo, alguien que roba de manera habitual podría sentirse llevado a pensar de modo esclavizante acerca de su próximo robo, sus pensamientos se vuelven continuamente hacia lo que puede robar y a quién le puede robar. Los pensamientos de quienes consumen pornografía o participan de conductas sexuales aberrantes son esclavizantes; todo su enfoque en la vida está en el sexo.

Por lo general los pensamientos obsesivos toman este enfoque: «Tengo que tener esto». Los pensamientos esclavizantes están en el patrón: «No puedo vivir sin esto».

LAS PESADILLAS Y NUESTRA VIDA
DE PENSAMIENTO

Todas las clases anteriores de pensamiento vienen durante las horas en que estamos conscientes y despiertos. Muchas personas también sufren de pesadillas, un tipo de *pensamiento* consciente que sale de nuestra mente subconsciente. Los sueños malos también pueden estar marcados por conductas pecaminosas, impuras, vengativas, aborrecibles o similares. Los sueños malos repetitivos muy bien podrían ser una señal de obsesión subconsciente o pensamiento esclavizante.

No estoy hablando del sueño malo ocasional, que podría llegar como consecuencia de comer alimentos muy condimentados a altas horas de la noche. Hablo de pesadillas repetitivas, que lo despiertan a usted sudando frío y con gran temor. Hablo de sueños acerca de los que aparentemente no puede dejar de pensar en todo el día siguiente. Hablo de sueños que parecen perseguirlo y de sueños que son sumamente vívidos en imágenes o lenguaje negativos.

Quizás descubra que se necesita mucho ayuno y oración para ser libre de tales pesadillas. Usted debe reconstruir patrones de pensamiento en su vida basados en la Palabra de Dios. El Espíritu Santo renovará su mente para pensar de otra forma. Sus antiguos temores y preocupaciones se transformarán milagrosamente por el poder de Dios.

Hace varios años una mujer me habló de su experiencia con las pesadillas. Sus sueños malos llegaron después de que se divorciara de su esposo, quien la había rechazado para ir tras relaciones homosexuales. Esta mujer soñaba varias veces por semana que su ex esposo se le aparecía y le lanzaba a gritos comentarios muy críticos hasta que, en su sueño, ella quedaba hecha un mar de lágrimas. Luego él giraba y se alejaba, dejándola sola en su tristeza. Ella a menudo despertaba de estas pesadillas para descubrir que había estado llorando durante el sueño, con el rostro húmedo por las lágrimas. Todo el día siguiente a la noche en que había tenido uno de esos sueños terribles e inquietantes se sentía triste, enojada, ofendida y rechazada. No tenía paz.

—Si durante las horas del día yo pensaba en el rechazo y el dolor de mi divorcio, lo podía manejar —dijo ella—. Oraba y sentía que mi paz regresaba. Pero ninguna cantidad de oraciones de mi parte parecían evitar que tuviera estas pesadillas.

Entonces un día una amiga de esta mujer llegó temprano en la mañana y la vio sumida en profunda tristeza y con el rostro demacrado por las lágrimas. La mujer le confió a su amiga que había estado luchando con horribles pesadillas durante varias semanas, y se las describió. Esta amiga era una mujer piadosa.

—Oremos —le dijo inmediatamente la amiga.

En su oración le pidió al Espíritu Santo que liberara del enemigo a la mujer, que sanara su mente subconsciente y que le restaurara la paz del Señor.

—Desde ese día nunca volví a tener otra pesadilla —me dijo la mujer que había estado sufriendo.

Usted se podría beneficiar en gran manera al orar con una amistad piadosa que creyera en la Biblia acerca de sus malos patrones de pensamiento. O quizás deba buscar un consejero o un pastor cristiano que le pueda hacer una oración de liberación.

No permita que un patrón de pesadillas continúe. No tendrá paz hasta que ese patrón se haya acabado. Reconozca que si está continuamente atribulado en su sueño, Dios podría estar tratando de llamar su atención por un asunto en particular. Pregúntele: «¿Intentas

---

No permita que un patrón de pesadillas continúe. No tendrá paz hasta que este patrón se haya acabado. Reconozca que si está continuamente atribulado en su sueño, Dios podría estar tratando de llamar su atención por un asunto en particular.

mostrarme algo? ¿Hay algo que debo saber o hacer para tener paz en mi mente?» Dios contesta específicamente esta clase de oración sincera.

PATRONES DE PENSAMIENTO MALVADO

Una vez un hombre me oyó explicar esta lista de pensamientos improductivos y dijo: «¡Tengo pensamientos en cada una de estas categorías!» Él estaba complemente consternado.

La mayoría de nosotros cae en pensamientos improductivos de vez en cuando. La clave es no hacer de ellos un patrón o un hábito. Los pensamientos improductivos no se deben convertir en patrones de pensamiento improductivo.

Usted ha desarrollado un patrón de pensamiento si se encuentra teniendo los mismos pensamientos una y otra vez. Si descubre que sus pensamientos parecen dar vueltas y vueltas sin alcanzar un punto final, ha desarrollado un patrón de pensamiento.

¿Cómo puede liberarse de estos patrones de pensamiento? Es un asunto de ceder al Señor la llave de su voluntad. Es decirle: «No puedo dejar de pensar de este modo que sé que es contrario a tu Palabra y a tu plan para mi vida. ¡Ayúdame!»

Luego decida deliberadamente pensar en algo que esté en conformidad con la Biblia y con el plan de Dios para su vida.

Podría preguntarse: «Pero, ¿cómo puedo pensar continuamente solo en cosas piadosas?»

Usted no puede. Tendría que cerrar ojos y oídos y vivir en un vacío para no responder al menos con un pensamiento pasajero a las percepciones, impresiones y palabras impías que le llegan continuamente.

Sin embargo, he aquí lo que puede hacer. Puede negarse a dejar que en su mente se alojen impresiones e imágenes negativas. Puede negarse a pensar demasiado en ellas, a ensayarlas, a volver a visualizarlas o a adornarlas en su imaginación. Puede negarse a seguirlas, buscando *más de lo mismo*.

Si hay críticas o comportamientos malos dirigidos hacia usted, puede negarse a que se alojen en su corazón ideas acerca de estas palabras o hechos de otros. Rápidamente puede volverse al Señor y decir: «Padre, ayúdame a perdonar a esta persona. Ayúdame a renunciar a este incidente. Te entrego esta persona para que la juzgues y trates con ella. Te entrego este incidente, confiando en que lo resolverás de un modo que resulte en bien para mí».

Si se encuentra dando vueltas toda la noche debido a algo que oyó o vio, vuélvase al Señor y diga: «Padre, limpia esto de mi mente y mi corazón. Libérame de esta imagen o idea negativa. Aleja de mí al enemigo y restáurame tu paz».

TIENE EL PODER DE ESCOGER

Usted tiene el mecanismo de control para decidir en qué pensar. Toda persona tiene la capacidad de decir: «Pensaré en otra cosa» y luego enfocar la mente en un nuevo tema, una nueva tarea o un problema que resolver. Todos tenemos la capacidad de decir: «Decido confiar en Dios» o concluir: «Decido estar abrumado».

Además, a cualquier hijo de Dios que deliberadamente toma una posición contra patrones de pensamiento, que a las claras son perjudiciales, se le dará una vía de escape de esa circunstancia. Dios le ayudará a enfocar la mente en algo distinto de su problema o patrón de malos pensamientos si da el paso inicial en esa dirección. Puesto que los procesos de pensamiento en algunas personas están muy atascados en canales impíos y son muy morbosos, quizás esta gente necesite consejo piadoso y sabio de un profesional: un pastor o un consejero. Reconozca, por favor, que no es una señal de debilidad o vergüenza pedir ayuda de otras personas que tengan capacidad y experiencia para ayudarle en momentos de necesidad.

CÓMO DEFENDER NUESTRAS MENTES
Y NUESTRA PAZ

¿Recuerda usted nuestra referencia anterior al anciano apóstol Pablo encadenado en prisión mientras escribía una carta a sus amigos en Filipos? Escribió:

> Por nada estéis afanosos, sino sean conocidas vuestras peticiones delante de Dios en toda oración y ruego, con acción de gracias. Y la paz de Dios, que sobrepasa todo entendimiento, guardará vuestros corazones y vuestros pensamientos en Cristo Jesús (Filipenses 4.6-7).

Pablo dijo a los filipenses que las oraciones ofrecidas a Dios con fe y acción de gracias les asegurarían paz interior… sin importar qué sufrimientos enfrentaran. Esencialmente les estaba diciendo que podían tomar una decisión: involucrar a Dios en su vida por medio de la oración y las acciones de fe o ir solos a través de ella. También les escribió lo siguiente:

> Por lo demás, hermanos, todo lo que es verdadero, todo lo honesto, todo lo justo, todo lo puro, todo lo amable, todo lo que es de buen nombre; si hay virtud alguna, si algo digno de alabanza, en esto pensad, y el Dios de paz estará con vosotros (Filipenses 4.8-9).

Este es un resumen formidable de nuestro análisis en este capítulo. Nos dice que enfoquemos nuestro pensamiento en lo verdadero, honesto, justo, puro, amable, de buen nombre, digno de alabanza. No solo se nos anima a pensar en tales cosas, se nos dice que meditemos en ellas.

Meditar significa llenar la mente de tal modo que estemos constantemente ensayando, repitiendo o replanteando lo bueno. Meditar no es darle un pensamiento pasajero a algo. Al contrario, es reflexionar en algo profundamente, analizarlo, considerarlo por completo y buscar entenderlo por completo.

Una palabra hebrea que se asocia íntimamente con la meditación es el vocablo que conocemos en castellano como «susurrar». A los judíos rectos en la antigüedad se les oía a menudo *susurrar* las Escrituras para sí mismos. Así es como memorizaban la Palabra de Dios. Pocas personas tenían acceso a rollos escritos de las Escrituras. Más bien escuchaban la Palabra de Dios leída en sus momentos de oración y cultos de adoración, y memorizaban lo oído, repitiéndolo verbalmente una y otra vez en sus mentes.

Permítame asegurarle que si se compromete a memorizar grandes secciones bíblicas descubrirá que su pensamiento cambia en el proceso. Sencillamente no puede pensar en la Palabra de Dios y al mismo tiempo pensar en algo negativo.

Meditar en las cosas buenas de la vida significa que su mente está dominada, impregnada, totalmente cautivada y completamente ocupada por buenas ideas, conceptos y perspectivas.

¿Qué significa esto para nosotros de forma práctica? Cuando decidimos pensar en cosas que nos inspiran, nos animan, nos enseñan y nos edifican emocionalmente, descubrimos que queremos seguir la voluntad de Dios, y anhelaremos permanecer fieles a Él.

Cuando preferimos pensar en la majestad y gloria del Señor descansamos en Él con fe y confianza cada vez mayores.

Por último, la verdad reside solo en Dios. Los pensamientos más nobles que puede tener son pensamientos acerca de Él. A la larga, es el Señor quien encarna las normas más altas de justicia. Solo el Señor es absolutamente puro y bueno. Las cosas que son de Dios son las más amadas, virtuosas y dignas de alabanza.

Piense en cómo Dios ha sido fiel con usted al darle muchas cosas, ¡muchas más de las que puede contar!

Piense en los planes y propósitos que Dios tiene para usted en toda la eternidad. Piense en el hogar celestial que Él le está preparando.

Usted no puede agotar por completo su capacidad de pensar en la bondad y grandeza del Señor. No puede alcanzar el término de su alabanza a Dios.

Escoja responder a la vida como Jesús respondió.

Proteja su vida de oración.

Proteja su vida de pensamiento.

Busque a Dios y a todo lo piadoso.

La Palabra de Dios promete que si llena su mente con aquello en que hay virtud y es digno de alabar, «el Dios de paz estará con usted» (Filipenses 4.9).

SIETE

CÓMO VIVIR SIN TENER
QUE ARREPENTIRSE

Recuerdo haber colgado el teléfono y decir mientras suspiraba profundamente: «Bueno, sucedió».

La voz al otro lado del teléfono era de un abogado, notificándome que mi esposa había presentado la demanda de divorcio.

Durante muchos años había vivido con amenazas de divorcio. Mi esposa se había ido de nuestra casa el fin de semana anterior. Sin embargo, aún así, la noticia que me dieron me dejó aturdido.

En los días siguientes revolotearon en mi corazón y en mi mente muchas emociones y pensamientos diferentes. Yo no quería divorciarme. No sabía exactamente cómo proceder para evitar que esto sucediera. No sabía con quién hablar ni qué decir. Sabía que finalmente iba a decírselo a toda la congregación que yo pastoreaba, y nada me garantizaba cómo responderían la junta o las personas. Lo único cierto era la presión de preparar el sermón que debía predicar el domingo siguiente.

Incluso mientras mi mente corría a un millón de kilómetros por segundo, sabía con absoluta certeza en lo más profundo de mi corazón estas verdades:

- A Dios no le sorprendía esta acción tomada por mi esposa.

- Dios estaba en control de mi vida. Él había permitido que esto ocurriera para sus propósitos y como parte de su plan para mí.

- El Señor había prometido en su Palabra que nunca me dejaría ni me abandonaría. Había prometido estar a mi lado en cada paso del camino y, por consiguiente, que a la larga todas las cosas serían para beneficio eterno si tan solo seguía confiando en Él por completo.

Los hechos inmediatos de la situación crearon confusión. La inmutable verdad de Dios creó paz.

Casi ocho años después de esa llamada del abogado en junio de 1993, el divorcio que mi esposa buscaba le fue legalmente concedido.

La gente me ha dicho desde entonces…

«Seguramente debes lamentar la pérdida de tu matrimonio».

«Seguramente te arrepientes de haber fracasado en tu lucha por salvar tu matrimonio».

«Seguramente debes lamentar que no funcionaran todas tus tentativas de reconciliación».

Mi respuesta exterior había sido principalmente el silencio. Mi verdadera respuesta interna a tales comentarios es: *Apenado, sí; arrepentido, no.*

Sí, me entristece que mi matrimonio haya terminado en divorcio.

No, no vivo con una sensación de remordimiento.

¿Por qué no?

Porque el remordimiento tiene su origen en la culpa no resuelta. Yo sabía que tenía paz con Dios, y la lamentación y la culpa no eran por lo tanto parte de mi vida.

CINCO PREGUNTAS VITALES ACERCA DEL REMORDIMIENTO

Cualquier persona que está sintiendo pena por su pasado debe hacerse estas cinco preguntas muy importantes:

PREGUNTA N° 1: ¿PUDE HABER HECHO ALGO MÁS?

En cualquier situación por lo general hay una mezcla de cosas que una persona puede hacer y no puede hacer. Si otra persona está involucrada en la situación, esa mezcla se puede complicar.

Uno de los retos que enfrentamos en relación con el remordimiento es poner en orden lo que estaba dentro de los límites de nuestra responsabilidad, poder, capacidad u oportunidad de tomar decisiones. Algunos aspectos sencillamente están fuera de nuestro control y no deberíamos sentirnos culpables por ellos. El arrepentimiento no es algo que corresponde a lo que otros hacen, o a la responsabilidad que tienen los demás. El arrepentimiento pertenece solo a lo que personalmente podemos controlar, influir o escoger.

> **El arrepentimiento no es algo que corresponde a lo que otros hacen, o a la responsabilidad que tienen los demás. El arrepentimiento pertenece solo a lo que personalmente podemos controlar, influir o escoger.**

Usted vive con remordimiento si tiene pensamientos como *debí haber... tendría que haber... o me gustaría que hubiera...* La pregunta que es necesario hacerse aquí primero es: *¿Pude haber...?*

A veces me siento triste por no haber tenido un padre en mi crianza. Mi padre natural murió cuando yo tenía solo nueve meses. Mi madre se volvió a casar cuando yo tenía casi nueve años, pero él nunca fue un padre para mí. No recuerdo que alguna vez me haya dicho una palabra amable o que me hubiera dado algo material. Era un individuo que maltrataba emocionalmente. No fue alguien a quien yo llamara *papá*.

No me pongo a pensar en el hecho de no haber tenido padre porque no sé cómo habría sido tener uno. Cuando era joven me preguntaba de vez en cuando: *¿Cómo sería mi vida actual si me hubiera criado con un padre piadoso?* Sin embargo, no hay modo de haber respondido esa pregunta. A la larga, ¡no creo que mi vida hubiese sido distinta de lo que es! ¿Por qué? Porque Dios era mi padre y es mi Padre. He experimentado su amor, su provisión, su guía, su sabiduría.

¿Me he arrepentido de no haberme criado con un padre? Por supuesto que no. Esta no era una situación sobre la cual yo tuviese algún control o responsabilidad.

Existen otras situaciones, no obstante, en las cuales una persona sí tiene responsabilidad o control, por lo tanto se dice: «Sí, pude haber hecho algo».

En cierta ocasión una mujer me contó en una situación de consejería que una vez abandonó a su marido porque él la maltrataba permanentemente. Regresó poco tiempo después y siguió viviendo con él. Ella dijo: «Nunca debí haber regresado. Me arrepiento del día en que lo hice. Él dejó de maltratarme físicamente, pero no dejó el maltrato emocional. En todo caso, con los años se volvió más abusivo». Esta dama no tiene paz. Ha vivido en un valle de remordimiento la mayor parte de su vida adulta.

¿Pudo la mujer haber dado pasos en algún momento para salirse de esta peligrosa situación? Sí. ¿Pudo haber dejado a su esposo si él se negaba a recibir consejería o continuaba maltratándola? Sí.

También hay situaciones en las que alguien podría decir: «Sí, hice algo que no debí hacer».

Uno de mis mejores amigos murió hace poco tiempo. Él me dijo hace muchos años que exactamente a las dos semanas de haberse casado encontró una nota que su esposa había escrito. Esta decía: «Nunca amaré a nadie más que a…», y nombraba a otro hombre. Mi amigo estaba muy herido. Allí estaba su esposa, una mujer a quien amaba con todo el corazón, jurando que nunca lo amaría sino que continuaría amando a otro hombre con el que hubiera querido casarse.

El hombre vivió en ese matrimonio el resto de su vida sabiendo eso.

Cuando su esposa descubrió que él sabía lo de la nota, sintió profundo arrepentimiento. Se sentía culpable por algo que no debió haber hecho.

¿Qué se puede hacer en situaciones como esta?

Primero, la persona que está sintiendo culpa debe ir ante Dios y pedir perdón; admitir la equivocación, el error, el pecado, la mala decisión y la mala determinación.

Segundo, la persona que siente culpa debe tratar de desagraviar a cualquiera que haya herido o lastimado. Además, debe admitir que ha causado sufrimiento y pedir perdón. Debe explorar qué formas de restauración o reconciliación podrían ser posibles.

El único modo de salir de esta clase de culpabilidad y remordimiento es el perdón: perdón de Dios, de los demás y de uno mismo.

Usted podría preguntar: «Pero, ¿y si voy y esa persona se niega a perdonarme?» Si busca el perdón de alguien que rehúsa perdonarlo, ha hecho lo que Dios exige. El perdón de Dios cubrirá sus acciones. Siéntase perdonado y siga adelante.

¿Y si está muerta la persona contra la cual usted pecó? Tampoco hay nada que pueda hacer en ese caso. El perdón de Dios es lo único que se requiere. Acepte su perdón y perdónese.

PREGUNTA Nº 2: ¿FALLÉ EN CONFIAR EN DIOS?

Mi madre vivió con cierto nivel de remordimiento desde el día en que se casó con mi padrastro hasta el día en que ella murió, cuarenta y siete años más tarde. Nunca tuvo algo de paz verdadera en su matrimonio porque se arrepentía profundamente por su decisión de haberse casado con él.

La razón principal que mi madre me dio para casarse con mi padrastro fue que ella creía que yo necesitaba en mi vida un modelo del papel masculino y también que sentía la necesidad de apoyo económico. Una vez, al final de su vida, admitió: «Para ambas razones debí confiar en Dios».

Muchas malas decisiones se toman por no confiar en el Señor.

Algunos dicen: «Actué muy rápidamente. Debí confiar más en Dios».

Otros dicen: «No confié en que Dios me mostraría cómo responder».

Algunos otros dicen: «En realidad yo no estaba seguro de que el Señor supliría mi necesidad».

En muchos individuos el remordimiento está arraigado en el hecho de que no tuvieron valor, fortaleza, vitalidad, resolución, y lo más importante, no confiaron en que Dios les daría el valor, la fortaleza, la vitalidad y la resolución que necesitaban.

> **Si en una situación ha confiado en el Señor lo mejor que ha podido, haga a un lado cualquier culpa que sienta. Esa es una culpa falsa.**

Si en una situación ha confiado en el Señor lo mejor que ha podido, haga a un lado cualquier culpa que sienta. Esa es una culpa falsa.

Si no ha confiado en Dios y ha tomado los asuntos en sus propias manos, se ha apresurado a tomar decisiones o ha actuado de modo contrario a los mandamientos del Señor, busque el perdón de Dios.

PREGUNTA Nº 3: ¿PEQUÉ?

El Salmo 34.15 nos da una doble amonestación: «Apártate del mal, y haz el bien; busca la paz, y síguela».

Además de las equivocaciones y errores de tiempo, o las malas decisiones, muchas personas sienten un remordimiento que viene del pecado manifiesto. En estos casos el individuo ha actuado deliberadamente en una forma que viola los mandamientos de Dios. No hay paz cuando esto sucede.

La única solución cuando siente remordimiento por pecar es ir ante Dios y confesar el pecado, pedir perdón, y basado entonces en la Palabra de Dios, recibir su perdón.

El problema que muchas personas tienen es que sienten remordimiento, pero se niegan a relacionar el remordimiento con la culpa o el pecado. Más bien prefieren justificar su pecado o simplemente creer que no existe.

Hace poco tiempo estaba aconsejando a un joven.

—Usted lleva una vida refugiada —me dijo.

—Tienes razón —respondí—. Vivo protegido.

—Usted es de mentalidad cerrada —atacó de nuevo el joven.

—Tienes razón, lo soy —repliqué.

—Usted no conoce a la gente de su iglesia —me dijo—. No sabe qué están haciendo.

—Tal vez no los conozca personalmente a todos, ni conozca todos los detalles de sus vidas, pero sé que están buscando a Dios o no vendrían domingo a domingo.

No tengo ningún reparo en ser de mentalidad cerrada —seguí diciendo—. No pienso de la manera que lo hace el mundo. He pasado años (sí, décadas de mi vida) entrenando mi mente para pensar según la Palabra de Dios. Quiero que mis pensamientos y mis acciones estén alineados completamente con la Biblia, y así no es como piensa el mundo. Tengo un conjunto de normas. Pongo restricciones sobre mi conducta. Tengo pautas para tomar las decisiones que tomo. Utilizo la Palabra de Dios como mi norma para tomar decisiones. El mundo no hace eso.

Y así es —continué—. Me refugio. Estoy refugiado en el Dios Altísimo. Experimento la plenitud de su protección, provisión y preservación. Tengo una sensación profunda y duradera de que soy amado por Él, y de que Él se encarga de todo detalle de mi vida. Me siento cuidado por el Señor. ¡Llevar una vida refugiada en Dios es la mejor vida que puedo imaginar! Si una mentalidad amplia y una vida sin refugio son equivalentes a la vida que me acabas de decir que llevas: vida de confusión, opresión y profunda insatisfacción, entonces no deseo tener absolutamente nada que ver con una mentalidad amplia y una vida sin refugio.

No puede vivir libre de remordimientos y culpabilidad y al mismo tiempo decidir pecar. Además, no puede ser libre de la culpa y el remordimiento hasta que esté dispuesto a admitir que ha pecado.

La buena noticia es que en cualquier momento que lleguemos ante nuestro Padre celestial con un corazón sincero y buscando su perdón, ¡Él nos lo concede!

Quizás el ejemplo más hermoso de perdón se encuentra en una historia contada por Jesús. Permítame recordarle íntegramente esta historia:

Un hombre tenía dos hijos; y el menor de ellos dijo a su padre: Padre, dame la parte de los bienes que me corresponde; y le repartió los bienes. No muchos días después, juntándolo todo el hijo menor, se fue lejos a una provincia apartada; y allí desperdició sus bienes viviendo perdidamente. Y cuando todo lo hubo malgastado, vino una gran hambre en aquella provincia, y comenzó a faltarle. Y fue y se arrimó a uno de los ciudadanos de aquella tierra, el cual le envió a su hacienda para que apacentase cerdos. Y deseaba llenar su vientre de las algarrobas que comían los cerdos, pero nadie le daba. Y volviendo en sí, dijo: ¡Cuántos jornaleros en casa de mi padre tienen abundancia de pan, y yo aquí perezco de hambre! Me levantaré e iré a mi padre, y le diré: Padre, he pecado contra el cielo y contra ti. Ya no soy digno de ser llamado tu hijo; hazme como a uno de tus jornaleros. Y levantándose, vino a su padre. Y cuando aún estaba lejos, lo vio su padre, y fue movido a misericordia, y corrió, y se echó sobre su cuello, y le besó. Y el hijo le dijo: Padre, he pecado contra el cielo y contra ti, y ya no soy digno de ser llamado tu hijo. Pero el padre dijo a sus siervos: Sacad el mejor vestido, y vestidle; y poned un anillo en su mano, y calzado en sus pies. Y traed el becerro gordo y matadlo, y comamos y hagamos fiesta; porque este mi hijo muerto era, y ha revivido; se había perdido, y es hallado. Y comenzaron a regocijarse (Lucas 15.11-24).

Este muchacho que se rebeló llegó al punto en que volvió en sí y enfrentó la realidad de su vida y de la provisión de su padre. Regresó y entregó su destino al padre.

Cuando el padre vio a su hijo a lo lejos, ¿dijo: «Allá está mi hijo despreciable y descarriado. Se ve como si estuviera perdido por completo. Cómo podré castigarlo?»

¡No! Corrió hacia su hijo, lo abrazó con compasión y lo besó. El hijo confesó sus pecados. Y el padre respondió inmediata y generosamente al restaurar las señales de su condición de hijo propias de aquella época: el mejor vestido familiar que al ponérselo le devolvió su posición completa como un justo miembro de la casa, un anillo de sello con el cual realizar asuntos financieros familiares y calzado que le daba total libertad para ir y venir, no como un esclavo, sino como un hijo sobre los asuntos de su padre.

Este hijo pródigo no estaba en posición de declararse hijo. No estaba en posición de justificarse o de restaurarse como heredero del padre. Estaba únicamente en posición de volver a su padre, confesar sus pecados, rendirse y dejar su rebelión. Esa también es nuestra posición.

Sin embargo, ¡ah, qué gozo el del Padre cuando llegamos ante Él en confesión y entrega! Él corre hacia nosotros. Cae sobre nosotros con compasión, misericordia y el abrazo completo de su amor.

Creo que la razón principal para que Jesús contara esta historia fue transmitirnos cuán afectuoso es nuestro Padre celestial. La narró para que pudiéramos saber cuánto placer y gozo tiene el Padre cuando rendimos nuestras vidas a Él, para así, a cambio, poder conferirnos todas las bendiciones que ya ha preparado para nosotros.

Nuestra entrega da como resultado el perdón del Padre.

Volvernos hacia el Padre con una vida totalmente rendida tiene como consecuencia que Él nos da la plenitud de su vida.

La Palabra de Dios es muy clara en esto: «Si confesamos nuestros pecados, Él es fiel y justo para perdonar nuestros pecados, y limpiarnos de toda maldad» (1 Juan 1.9).

Si usted ha pecado y necesita el perdón de Dios, le animo a apropiarse de la oración de David:

> Ten piedad de mí, oh Dios, conforme a tu misericordia;
> conforme a la multitud de tus piedades borra mis rebeliones.
> Lávame más y más de mi maldad,
> y límpiame de mi pecado.
> Purifícame con hisopo, y seré limpio;
> lávame, y seré más blanco que la nieve.
> Hazme oír gozo y alegría,
> y se recrearán los huesos que has abatido.
> Crea en mí, oh Dios, un corazón limpio,
> y renueva un espíritu recto dentro de mí.
> Vuélveme el gozo de tu salvación,
> y espíritu noble me sustente
>
> (Salmo 51.1-2,7-8,10,12).

PREGUNTA Nº 4: ¿HE PERDONADO A TODOS LOS INVOLUCRADOS EN LA SITUACIÓN QUE ME REMUERDE, INCLUYÉNDOME A MÍ MISMO?

Quizás la parte más difícil del perdón para muchas personas es perdonarse a sí mismas.

Si Dios lo perdonó, perdónese usted y siga adelante. No continúe castigándose por algo que Él ha perdonado.

> **Si Dios lo perdonó, perdónese usted y siga adelante. No continúe castigándose por algo que Él ha perdonado.**

Si Dios lo perdonó, usted también debe perdonar a cualquier persona o grupo de personas con quienes crea haber tenido asociación en el pecado. No permita que el sentimiento negativo hacia esas personas siga morando en su mente o corazón. Renuncie a estos sentimientos y confíe en que Dios tratará con ellas a su manera y en su tiempo.

No tendrá paz si continúa reviviendo y recordando el pecado. Llevará este patrón negativo de pensamiento y comportamiento a cualquier relación nueva, empresa comercial o circunstancia en que participe en el futuro.

Con el paso de los años he conocido muchos individuos que se han vuelto a casar casi inmediatamente después de un divorcio. Recibieron el perdón de Dios, se perdonaron y entraron a la siguiente relación que les llegó. Pero aunque lo hicieron, continuaron pensando en sus cónyuges anteriores y en todo lo negativo que les había ocurrido. No tenían paz consigo mismos. En realidad no se habían perdonado ni habían perdonado a sus cónyuges. Al final tuvieron dificultades en la relación siguiente porque aún estaban tratando con su culpabilidad, su vergüenza y el dolor que habían experimentado.

Lo mismo ocurre para las personas que han experimentado fracasos comerciales en que hubo fraude, robo o malversación. En algunos casos estos sujetos nunca piensan pedir perdón a Dios por el pecado relacionado con su fracaso comercial. En otros casos continúan albergando su pecado hasta el punto de pasar dificultades lanzando sus energías y esfuerzos en un nuevo empleo, carrera o aventura.

Si Dios lo perdonó, perdone a los demás, perdónese usted mismo y luego sea receptivo a las bondadosas oportunidades que Dios tiene para usted.

Cierto, quizás aún tenga que vivir con consecuencias relacionadas con el pecado. Pero Dios no le exige que viva con culpa, vergüenza o remordimiento. Acepte que tal vez sus equivocaciones pasadas lo llevaron a la situación en que se encuentra, pero reconozca rápidamente la verdad de que sus equivocaciones pasadas (ahora perdonadas por el Señor) no necesariamente deben influir en las decisiones que tome en el futuro.

Recuerde siempre:

Lo que Dios perdona, lo perdona por completo.

Lo que el Señor sana, le da plena realización.

Lo que el Creador restaura, lo hace sin ninguna limitación en el potencial de la persona para transmitir el evangelio y ser testigo del amor, la misericordia y la gracia de Dios.

Pregunta N° 5: ¿Negué o me aparté de la voluntad revelada de Dios para mi vida?

No hace mucho tiempo oí de una mujer que creía firmemente que cuando tenía veintitrés años Dios la había llamado a ser misionera en el sudeste de Asia. Estaba estudiando y preparándose para ser misionera cuando conoció a un hombre cristiano que era contratista de la construcción. Él no tenía llamado en su vida para convertirse en misionero. Más bien se sentía llamado a ser un comerciante y a apoyar misiones con las utilidades de su negocio.

Esta mujer se casó con el contratista, teniendo pleno conocimiento en su corazón de que estaba negando el llamado de Dios para su vida. Manifestó: «Yo quería un esposo e hijos. Él era el mejor hombre, el más brillante y el más parecido a Cristo que alguna vez conocí. Aproveché la oportunidad de tener un hogar feliz».

La dama lamentó su decisión en los veinticinco años siguientes de su vida. Creía que le había fallado a Dios. Tenía muy poco interés en ir a la iglesia o en participar en proyectos misioneros, en parte por la culpa y en parte porque no quería enfrentar sus sentimientos. Entonces un día, cuando tenía cuarenta y ocho años, fue ante su esposo y le dijo: «No hice lo que Dios me llamó a hacer». Y él le contestó: «Sé que has estado muchos años descontenta. Sencillamente no sabía por qué. Te apoyaré si quieres salir en viajes misioneros cortos, incluso hasta de seis meses o un año».

La mujer estaba eufórica y empezó a trabajar primero con una organización misionera y después con otra. Ninguna de las dos quiso enviarla como misionera bajo su auspicio. Finalmente compró por su cuenta un pasaje, voló a una nación del sudeste asiático y buscó allí un misionero que le permitiera ayudarle de alguna manera. Abatida, desilusionada, enferma y agotada emocional y espiritualmente, regresó a su casa cuatro meses después.

Un sabio pastor aconsejó finalmente a la mujer, diciéndole sin rodeos: «Ese barco ya partió».

El pastor continuó diciendo: «Quizás Dios te llamó hace casi treinta años para que le sirvieras en el sudeste de Asia. Lo que te deberías preguntar es: "Qué me está llamando Dios a hacer ahora?"»

No viva en el remordimiento de lo que *podría haber hecho* si en el pasado hubiera obedecido a Dios en un llamado específico para su vida. No hay manera de regresar sobre sus pasos o de volver a obtener esa oportunidad.

Admita ante Dios que le falló. Reconozca el orgullo y los deseos egoístas que había en la raíz de su decisión para preferir su camino por sobre el de Dios. Pida al Señor que le perdone y le guíe de ahora en adelante. Entonces, cuando el Señor le revele lo que desea que usted haga ahora, obedézcale.

He conocido pastores que han dejado su posición en la iglesia y después se arrepienten de su decisión. Casi siempre la razón por la que la dejaron fue personal, no por orden de Dios. Quizás no se sintieron apreciados. Tal vez pensaron que al irse podrían mejorar su posición económica o su imagen en una denominación eclesial. Esas razones no son buenas para salir de una iglesia e irse a otra. Al final casi siempre descubren que están en una iglesia que los desilusiona igual que la anterior, ¡o más!

Una de las razones de que tenga muy pocos remordimientos en mi vida es que me ha dado temor salirme de la voluntad de Dios. Esta no es una clase de temor perjudicial o emocionalmente malo, sino un temor sano de intentar conocer y hacer la voluntad del Señor. Es un temor sano de anhelar estar siempre en su voluntad y de no salirse de ella.

Usted podría preguntar: «¿Cuál es la voluntad de Dios?»

La voluntad del Señor es que:

- Guarde sus mandamientos.

- Obedezca sus instrucciones acerca de dónde ir, qué hacer y qué decir.

- Cuide de las personas y cosas que Dios le ha dado.

- Utilice los talentos y capacidades naturales que el Señor ha levantado en su vida.

- Use los dones ministeriales que Dios le confirió cuando recibió la salvación.

Es mucho más fácil equivocarse por salir de donde usted está que equivocarse si se queda. Es muy común que, debido a la ambición personal, la codicia o lujuria por más poder, la fama o el reconocimiento, las personas abandonen las situaciones en que se encuentran.

Ahora bien, no estoy hablando de abandonar situaciones en que nos maltratan física o emocionalmente. Hay momentos en que constituye sabiduría divina que alguien salga de una situación por seguridad física, salud emocional o bienestar espiritual. Dejar una situación de pecado, como abandonar un antro de perdición, siempre es algo bueno. No estoy hablando de eso. Al contrario, hablo de abandonar un llamado ministerial, un trabajo, una relación familiar o una responsabilidad familiar. Si una persona deja lo que Dios le ha dado o autorizado claramente, sin tener una clara directriz de Él, hay posibilidades muy altas de que se saldrá de la voluntad de Dios.

Yo no quería ir a Atlanta cuando sentí el llamado de Dios para dirigirme hacia allá. No había nada en mí que deseara vivir o ministrar en Atlanta. Me encontraba feliz en la iglesia que pastoreaba en Florida. Me gustaba la gente, la comunidad, el clima y las oportunidades de servir allí. Salí porque Dios me clarificó muy bien que debía mudarme a Atlanta.

A veces he pensado: *¿Y si no me hubiera mudado a Atlanta?* Difícilmente puedo imaginarme cómo habría sido mi vida. Con seguridad sé que no habría tenido paz en Florida o en cualquier otra parte que hubiera decidido ir por mis propios deseos personales.

Hay mucha gente que vive en un estado de «si yo hubiera…» Si yo hubiera hecho… Si solo hubiera dicho… Si solo hubiera tomado esa decisión… Quienes viven en un estado de remordimiento se estancan en el pasado.

¡Vivir en el pasado le impide a una persona cumplir lo que Dios quiere que haga en el presente! Si ese es el modo en que está viviendo ahora, le recomiendo efusivamente que pida perdón al Señor por cualquier cosa que crea que hizo en el pasado y que fue pecaminosa o desagradable para Dios. Después de esto, perdónese por lo que hizo y continúe con su vida. Decida no morar en el pasado. En lugar de eso decida enfocarse en el presente, fijar metas piadosas y hacer planes piadosos para su futuro. Pregunte a Dios: «¿Cuál es el próximo paso que tienes para mí?»

CONSERVE UNA CONCIENCIA LIMPIA

La mejor manera de vivir sin remordimientos es conservar una conciencia limpia. Cambiemos cada una de las cinco preguntas que acabamos de discutir por declaraciones positivas de decisión:

- Decida vivir de tal modo que dé lo mejor en cada tarea y en cada relación. Haga todo lo posible y esfuércese al máximo para vivir de modo piadoso.

- Decida confiar en Dios todo aspecto de su vida: toda decisión, toda elección, toda oportunidad que Él le envíe.

- Decida obedecer al Señor. Guarde sus mandamientos.

- Decida perdonar a los demás de modo total y libre.

- Decida seguir lo que Dios le revela como el camino que debe seguir.

Nadie puede hacer estas cosas en su poder humano limitado. Pero con el Espíritu Santo morando en nosotros podemos volvernos de toda forma de tentación para seguir las buenas obras que Dios nos ha autorizado hacer.

En Hechos 24.16 el apóstol Pablo dijo: «Procuro tener siempre una conciencia sin ofensa ante Dios y ante los hombres». La frase «sin ofensa» también se ha traducido como «intachable».

El Espíritu Santo obra en nosotros para:

- Traer remordimiento a nuestra conciencia si estamos a punto de pecar o hemos tomado una decisión que nos descarriará de la voluntad perfecta de Dios para nuestra vida.

- Capacitarnos a fin de resistir y decir no a la tentación.

- Convencernos del pecado que cometemos y así volvernos inmediatamente al Señor en busca de perdón.

- Ayudarnos a orar y reaccionar ante la vida como deberíamos, incluyendo orar por los demás y perdonarlos.

- Mostrarnos las decisiones que hemos de tomar y las oportunidades que debemos seguir.

El Espíritu Santo obra en nuestra mente y corazón para advertirnos de las peligrosas tentaciones del enemigo, para recordarnos los mandamientos de Dios y para incomodarnos con nuestro pecado, nuestra culpabilidad o nuestra vergüenza, hasta el punto de que desearemos ser limpiados y perdonados de nuestro pecado.

Muchas personas viven hoy día con una conciencia agitada. Saben que no están viviendo del modo en que el Señor desea que vivan. Todo el tiempo su conciencia está alterada y revuelta. Sienten una tremenda carga de culpa que los mantiene despiertos durante la noche y les hace deprimirse la mayoría de las horas en que están despiertos.

Muchos de los que tienen una conciencia culpable manifiestan una actitud preponderante de ira. Esto es especialmente cierto para quienes sienten profunda agitación interior, aun después de haber aceptado a Jesús como su Salvador. Los creyentes que rutinariamente actúan con ira no tienen paz consigo mismos. En muchos casos la causa de su enojo es una conciencia culpable. Saben que no están viviendo del modo en que Dios quiere que vivan y están enojados con Él porque les exige obediencia. Están desilusionados consigo mismos por no hacer lo que saben hacer, y enojados con otros cuya conducta les recuerda que sencillamente no están donde deben estar en su caminar con el Señor.

«Las cosas son fantásticas en mi vida. Mi conciencia no me molesta». Algunas personas han hecho afirmaciones como esta, aun al hablarme de sus actividades claramente contrarias a los mandamientos de Dios. Invariablemente algunos de estos mismos individuos acuden a mí meses más tarde y dicen: «Las cosas en realidad no eran tan fabulosas. La culpa dentro de mí pesaba como mil kilos. No podía dormir en la noche. Estaba abatido».

Si sabe que está desobedeciendo los mandamientos y directrices de Dios para usted, y no siente que su conciencia lo molesta, le animo a revisar la insensibilidad de su corazón y a preguntarse: «¿Por qué no me está molestando mi conciencia?» Le aseguro esto: el nivel en el cual le habla su conciencia está en relación directa con la cantidad de rebelión en su corazón y la cantidad de veces que se ha negado a hacer lo que el Espíritu Santo le ha inducido a hacer.

Si quiere de veras obedecer los mandamientos de Dios y caminar según sus principios para una vida devota, su conciencia será sensible, y solo un pequeño pinchazo del Espíritu Santo le hará volverse del pecado. Pronto caerá de rodillas y buscará el perdón de Dios. Si ha desarrollado un corazón rebelde y ha decidido caminar según sus propias reglas de vida, su conciencia se insensibilizará. Se necesitará una enorme y profunda convicción del Espíritu Santo en su corazón para que usted anhele renunciar a los placeres lujuriosos que desea y busque el perdón de Dios para sus pensamientos, palabras o hechos pecaminosos.

> El nivel en el cual le habla su conciencia está en relación directa con la cantidad de rebelión en su corazón y la cantidad de veces que se ha negado a hacer lo que el Espíritu Santo le ha inducido a hacer.

La sensibilidad de su conciencia es un barómetro del grado en el cual usted desea obedecer a Dios.

EL ESPÍRITU SANTO NO SUELTA

Un incrédulo puede estar muy cerca de destruir su conciencia. Llega a estar tan endurecido y desentonado con las cosas de Dios que prácticamente no sentirá la culpa asociada con los comportamientos que a las claras contradicen las leyes de Dios.

Sin embargo, si cree en Jesucristo no puede impedir que el Espíritu Santo se manifieste continuamente en su conciencia. Él no permitirá que usted alcance el punto en que su conciencia se calle. Podría amortiguar en su corazón las palabras condenatorias del Espíritu. Quizás haga lo mejor para hacer caso omiso a los recordatorios que Él le hace, pero no puede detener por completo la voz del Espíritu Santo. Dios no quiere que su pueblo viva con una conciencia culpable. Él continuará hablándole de su pecado hasta que se arrepienta.

Muchas personas intentan acallar su conciencia amontonando más y más pecado. Tratan de sofocarla en alcohol, aturdirla con drogas o aplastarla con alguna forma de placer ilícito. El pecado nunca silencia la conciencia.

Confesar significa estar de acuerdo con Dios, diciendo: «Señor, esto no pertenece a mi vida. Admito que estoy pecando contra ti. Estoy en desobediencia. Te pido que me perdones».

Arrepentimiento significa decir a Dios: «Rechazo esto. Este pecado está destruyendo mi paz, nublando mi pensamiento y endureciendo mi corazón. Ayúdame a apartarme completamente de este pecado y a no volver a cometerlo nunca más».

Se necesita fe y confianza en el Señor para cumplir con nuestro arrepentimiento y caminar en relación con nuestros hábitos, comportamientos o actitudes. La decisión de obedecer a Dios es un asunto de nuestra voluntad. La decisión de usted aquí debe ser obedecer, confesar su pecado al Señor, recibir el perdón de Dios, arrepentirse y pedir cada día al Señor que lo ayude a caminar en arrepentimiento y obediencia.

Al hacer esto vivirá libre de remordimientos. Y una vida sin remordimiento es una vida marcada por una paz reinante.

Trate activamente de conocer el propósito de Dios para su vida

En este capítulo he mencionado varias veces la necesidad de que usted siga adelante con su vida después de recibir el perdón de Dios. Seguir adelante significa que reconoce y luego da lo mejor de sí para cumplir el propósito de Dios para su vida. Significa tener un deseo profundo de propósito que lo protege de irse a pique, de vagar y de perder tiempo y energía. Una sensación de propósito se relaciona directamente con su sentimiento de realización y a la satisfacción por cómo haya llevado su vida.

El Señor tiene un propósito para su vida. Uno de los versículos más conocidos de la Biblia es Romanos 8.28: «Sabemos que a los que aman a Dios, todas las cosas les ayudan a bien; esto es, a los que conforme a su propósito son llamados». Muy a menudo nos enfocamos en la primera parte de este versículo. Nos da gran confianza saber que nuestro amoroso Padre celestial hace que todas las cosas obren para nuestro bien, incluso aquellas que parecen difíciles o negativas. Como creyentes en Jesucristo sabemos que Dios actuará a nuestro favor porque lo amamos.

Sin embargo, observe la parte final de ese versículo: «Esto es, a los que conforme a su propósito son llamados».

Esa frase nos dice claramente que Dios tiene un propósito para cada uno de nosotros. Él nos llama a cumplirlo. Pero ser uno de «los que son llamados» supone que estamos caminando en ese llamado, obedeciendo al Señor y cediendo todos los días a la dirección del Espíritu Santo. Si estamos obedeciendo de veras los mandamientos de Dios y persiguiendo lo mejor que podemos su propósito para nuestra vida, entonces Dios está totalmente comprometido a hacer que todas las cosas nos ayuden a bien, tanto nuestro premio eterno como nuestras bendiciones terrenales. Pero si solo vagamos por la vida con nuestra propia iniciativa y nuestro capricho y voluntad, si no buscamos el propósito del Señor, si solo le obedecemos cuando nos conviene, si cedemos a las directrices del Espíritu Santo solo cuando nos hallamos en una situación difícil, ¿sobre qué base podemos esperar verdaderamente que Dios obre para nuestro beneficio eterno?

Estoy completamente seguro de que Dios le mostrará su propósito en la vida si le pide sinceramente que se lo revele.

Tengo confianza en que el Señor le dará el valor y el poder para ir tras ese propósito a medida que confía en Él.

No tengo dudas de que Dios hará que todo le ayude a bien a medida que viva conforme a su propósito.

A medida que usted haga estas cosas tendrá una paz mucho mayor.

OCHO

RENUNCIE A LA ANSIEDAD

Cuando el tránsito en la autopista se ha detenido, y ha llegado ya dos veces tarde al trabajo este mes...

Cuando los informes noticiosos digan que la Bolsa de Valores ha caído quinientos puntos...

Cuando encuentre drogas en el cuarto de su hijo...

Cuando sospeche que su hija soltera podría estar embarazada...

Cuando el médico diga que es necesario hacer más exámenes, y no sonría mientras lo dice...

La respuesta normal y natural es tener ansiedad. Este es un sentimiento que nos golpea con lo inesperado. La ansiedad comienza en nuestras emociones, no en nuestras mentes. Es la respuesta a algo que percibimos o sentimos como negativo y, más específicamente, algo que creemos que es un ataque contra nosotros.

¿ESTÁ TRASTORNADO O INSEGURO?

La ansiedad es un problema que enfrentamos en una u otra ocasión. *Afanéis* en griego en el siguiente pasaje del Sermón del Monte significa *trastornar*. Es una palabra que se refiere a la inseguridad. Eso es lo que la ansiedad produce en nosotros. Nos da una sensación de *¿y qué viene* a continuación? Es una sensación de que nos han movido el piso bajo nuestros pies y no tenemos idea de dónde vamos a caer, cuán duro, en qué dirección, ¡o sobre qué!

La palabra *afán* también se traduce en la Biblia como *preocupación*. Para muchas personas la preocupación se ha convertido en una manera de vivir. Viven en un estado de inseguridad y preocupación. Si eso lo describe, le animo a leer de nuevo las palabras de Jesús. Su mandato para usted es muy claro. Jesús dijo en el Sermón del Monte:

> No os afanéis por vuestra vida, qué habéis de comer o qué habéis de beber; ni por vuestro cuerpo, qué habéis de vestir. ¿No es la vida más que el alimento, y el cuerpo más que el vestido? Mirad las aves del cielo, que no siembran, ni siegan ni recogen en graneros; y vuestro Padre celestial las alimenta. ¿No valéis vosotros mucho más que ellas? (Mateo 6.25-26).

Esta no es una sugerencia. Es una orden.

Usted podría decir: «Pero no puedo dejar de sentirme ansioso, ¡siempre me he preocupado!» En el transcurso de los años he oído eso de mucha gente. Mi respuesta es: «Por supuesto que usted puede».

No existe nada relacionado con una circunstancia que cree automáticamente ansiedad. Esta ocurre debido a la manera en que respondemos a un problema o situación difícil. La capacidad de decidir que usted tiene es parte del don de Dios del libre albedrío para todo ser humano. Usted puede escoger cómo sentirse, en qué pensar y cómo responder a las circunstancias.

Una amiga mía contó una experiencia que tuvo casi una década atrás. Su padre anciano y viudo se había mudado a la casa de ella, y el noventa y nueve por ciento del tiempo la relación entre ellos era muy positiva y los enriquecía mutuamente. Sin embargo, mi amiga recordaba que un día su padre había estado de mal humor. Nada le parecía bien y había criticado varias cosas, por lo que ella se irritó en respuesta al pesimismo y la actitud negativa de él.

Entonces mi amiga me dijo: «Nos disponíamos a salir de casa para hacer algunas compras, levanté la vista para ver a mi padre que salía por la puerta, y pensé: *Ese es mi padre. Lo amo. Él es anciano y no estará conmigo mucho tiempo. Aunque viviera otros diez o quince años, no es mucho tiempo.* Pensé en cuánto lo extrañaría cuando ya no estuviera conmigo y tomé una decisión. Fue una decisión consciente y deliberada. Me dije: *Decidiré amarlo y disfrutar su compañía todos los días que me queden, o le queden, de vida. Vamos a vivir en paz.* Comencé inmediatamente a tratar a mi padre con amabilidad y comprensión, y a las pocas horas él se disculpó por su mal humor y admitió que en realidad no se había sentido bien durante varios días. Desde ese día en adelante tuvimos una relación maravillosa».

Así es, ¡usted puede decidir cómo sentirse y cómo reaccionar!

Ninguna situación causa preocupación automáticamente. Con seguridad que el propósito de Dios no es que usted se preocupe; Él no permite situaciones en su vida para que tenga ansiedad. ¡No! Dios puede permitir una situación en su vida para desarrollar fe, crecimiento y madurez más fuertes, o para cambiar un mal hábito o una actitud negativa. Pero Dios no lo llama a preocuparse. Él siempre está obrando para llevarlo a un lugar donde usted confíe más en Él, le obedezca más y reciba más bendiciones.

> Dios puede permitir una situación en su vida para desarrollar fe, crecimiento y madurez más fuertes, o para cambiar un mal hábito o una actitud negativa. Pero Dios no lo llama a preocuparse.

PREOCUPACIÓN NO ES LO MISMO QUE ANSIEDAD

Debemos tener cuidado de no confundir preocupación con ansiedad. Es normal que un cristiano tenga preocupaciones profundas. La preocupación nos motiva a interceder y a tomar acciones piadosas hacia la satisfacción de las necesidades de los demás. Preocupación, ¡sí! Ansiedad, ¡no!

La preocupación está originada en la bondad. Por ejemplo, debemos estar preocupados por nuestras familias, por nuestra salud, por desempeñarnos bien en nuestro trabajo, porque nos interesa el bienestar de nuestras familias, nuestro bienestar personal y el éxito en nuestro trabajo. La preocupación tiene que ver con desear que las cosas se hagan bien para que Dios reciba la gloria en nuestra vida.

Algo de la preocupación también se arraiga en la obediencia. No hay sitio en las Escrituras en el que se nos dé licencia para ser irresponsables. Debemos vivir los mandamientos de Dios en nuestras vidas cotidianas. Debemos llevar vidas morales y honradas, pagando nuestras cuentas, diciendo la verdad, dando todo el esfuerzo por el pago que recibimos, etc. Vivir de modo responsable involucra cierta cantidad de preocupación enraizada en un anhelo de obedecer al Señor.

Sin embargo, una preocupación arraigada en la bondad o la obediencia no es lo mismo que ansiedad.

Si su hijo entra a la casa y se ha lesionado un tobillo, usted tiene derecho legítimo y responsabilidad para preocuparse de que el tobillo se haya distendido o fracturado. La preocupación lo llevará a actuar y a buscar consejo médico. Considere la persona que va a trabajar un día y su jefe le dice: «Ya no necesitamos sus servicios». De pronto se encuentra despedido, fuera de su cargo y en la calle.

> **La preocupación tiene que ver con desear que las cosas se hagan bien para que Dios reciba la gloria en nuestra vida.**

Quizás usted diga: «Bueno, ¡ese es un buen momento para estar ansioso!»

No según la Palabra de Dios. Preocupación, sí. Preocupación por seguir proveyendo para su familia y para usted, preocupación por cómo y dónde encontrar otro empleo, preocupación por saber qué pasos dar primero, definitivamente, sí. Pero dejar que la mente se vaya a pique emocionalmente, se llene de temor, se paralice, o permitir que lo perturben insistentes pensamientos de un futuro arruinado, desamparado o sombrío, ¡absolutamente no! ¡Eso es ansiedad!

La preocupación es provechosa, lleva al progreso y es positiva.

La ansiedad es lo contrario: contraproducente, atascada en el presente y negativa.

La preocupación nos motiva a la acción. La ansiedad nos paraliza.

La preocupación muy bien podría estar caracterizada por lágrimas, expresiones de tristeza y simpatía, empatía, reflexión considerada y tiempo en calma para meditar. No obstante, al final la preocupación nos lleva a tomar decisiones. Nos dirige hasta el punto de decir: «Decido confiar en Dios. Decido buscar su plan y propósito en esto. Decido tomar la acción que Él me guíe a tomar».

La ansiedad tiende a estar marcada por sudor en las manos, llanto incontrolable, entrecejo profundamente fruncido y hombros caídos, noches en vela, algún tic nervioso y un ir y venir interminable. La ansiedad es una rutina que tiende a mantener a una persona en un estado de temor, negatividad e intranquilidad.

CONSECUENCIAS DE LA ANSIEDAD

He aquí siete consecuencias muy negativas asociadas con la ansiedad:

1. LA ANSIEDAD DIVIDE LA MENTE DE UNA PERSONA

Mucha gente vive con un grado de estrés que es resultado de lo que llamo *una mente dividida*. La persona puede encontrarse haciendo una tarea, en una reunión o participando en una conversación con alguien, pero detrás de su mente y su corazón otro problema u otra situación ocupa el escenario central.

Un paciente de cáncer me dijo una vez: «Mi primer pensamiento cada mañana y mi último pensamiento cada noche, y cada tres o cuatro días mi pensamiento durante todo ese día es: *Tengo cáncer*». Estoy seguro de que las personas que luchan con un problema importante de cualquier clase tienen momentos en que esa situación llena su mente gran parte del día.

Una mujer me habló no hace mucho tiempo de la enfermedad mental de su esposo.

—¿Cómo te afectaba la enfermedad mental de Bill? —pregunté.

—Nunca sabía cuál Bill me estaría esperando al llegar a casa: el Bill tierno y amoroso o el iracundo, huraño y silencioso.

—Influyó esto en tu trabajo —inquirí de nuevo.

—Casi lo pierdo porque no podía concentrarme en él. No importaba si me encontraba en una reunión o sola en mi escritorio, mis pensamientos gravitaban hacia la situación de mi esposo, hacia su negativa para conseguir ayuda profesional o para tomar las medicinas prescritas, y hacia lo que esto estaba produciendo en nuestra relación. No podía dejar de pensar en lo que podría pasar con nuestro matrimonio. También me preguntaba si su enfermedad era algo que podría heredar biológicamente nuestra hijita pequeña. Me preocupaba con pensamientos acerca de lo que yo podría y debería hacer, y más que nada me preocupaban las sensaciones de impotencia por no poder hacer nada para ayudar a mi esposo. Puesto que no lograba concentrarme de manera total, simplemente no daba lo mejor de mí. Cometía equivocaciones por descuido. Finalmente no me tomaron en cuenta para un ascenso. Fue entonces cuando desperté y pensé: *Algo tiene que suceder aquí. Si Bill no quiere obtener ayuda, al menos yo la conseguiré para mí. Debo recuperar mi paz*».

2. LA ANSIEDAD HACE BAJAR LA PRODUCTIVIDAD DE UNA PERSONA

Si alguien tiene una mente dividida es lógico concluir que producirá menos. No podrá mantener el esfuerzo y quizás ponga menos empeño en concluir algún proyecto con calidad. No solo será menos productivo sino que también será menos eficiente. La calidad del trabajo tiende a bajar.

3. LA ANSIEDAD LLEVA A UNA PERSONA A TOMAR DECISIONES POCO SENSATAS

Quien no puede enfocarse en una tarea es alguien que generalmente no puede completar sus *deberes* en un proyecto. Se trata de alguien que no logra percibir todas las facetas de un problema y que no puede escuchar con detenimiento, o con suficiente concentración, a aquellos que podrían darle algún consejo sensato. El resultado es a menudo malas decisiones y malas soluciones a los problemas. Las malas decisiones y elecciones son una causa del fracaso, lo cual solo lleva a mayor ansiedad. El individuo muy ansioso a menudo está paralizado hasta el punto en que no puede tomar ninguna decisión, por lo tanto no sigue adelante con su vida. Vive en una nube de temor y confusión.

4. LA ANSIEDAD CONSUME LA ENERGÍA DE UNA PERSONA

La prolongada ansiedad es agotadora. Gasta el sistema inmunológico y altera ciertos sistemas químicos en el cuerpo, lo cual reduce las vitaminas y los minerales necesarios para mantener un buen nivel de energía.

5. LA ANSIEDAD PRODUCE ENFERMEDADES FÍSICAS

Investigadores, científicos y médicos han demostrado a través de los años que la ansiedad tiene numerosos efectos negativos en el cuerpo humano, entre ellos dolor de cabeza, dolor estomacal, desórdenes intestinales, estrechamiento de los vasos sanguíneos, que da como resultado presión sanguínea alta y mayores probabilidades de ataques cardíacos y derrames cerebrales. Además, se producen desórdenes bioquímicos que desequilibran los sistemas hormonales, lo cual puede causar varios males.

Es más, algunas de las principales facultades de Medicina de la nación están declarando sin lugar a dudas que a través de la fe y la oración se han reducido positivamente elementos de ansiedad, estrés y temor en pacientes, dando como resultado que muchos de ellos experimenten sanidad con mayor rapidez.

6. LA ANSIEDAD ALEJA A OTRAS PERSONAS

Se hace más difícil comunicarse con alguien que está distraído o menos enfocado. Tal individuo a menudo se inquieta y se frustra, culpa y critica rápidamente a los demás, y se enoja con rapidez. La mala comunicación es muy perjudicial en amistades, matrimonios y relaciones de padres a hijos. El resultado fácilmente puede ser que otras personas se sientan aisladas, no queridas o indeseables.

7. LA ANSIEDAD REDUCE EL GOZO DE UNA PERSONA

Quien vive con ansiedad durante mucho tiempo es alguien que generalmente se siente privado de gozo. Cualquiera que constantemente se preocupa o se siente abrumado tiene menos esperanza y es menos capaz de apreciar o disfrutar momentos placenteros. Allí siempre parece haber un problema al acecho de la mente o en la profundidad del alma. La paz y el gozo no pueden coexistir con la ansiedad.

Dados todos estos efectos negativos, ¡nuestra conclusión debe ser que el plan de Dios para nosotros no es un alma atribulada! La

---

La paz y el gozo no pueden coexistir con la ansiedad.

Palabra de Dios nos dice claramente: «Desecha el enojo» (Salmo 37.8). Este solo nos causa daño.

¿Y LOS ATAQUES DE PÁNICO?

Ataque de pánico es la expresión que a veces se utiliza cuando la ansiedad saca de control a sus emociones. Su corazón empieza a latir aceleradamente, podría empezar a sudar copiosamente, se marea o se siente como si fuera a desmoronarse.

He tenido esa clase de experiencia. Fue un puro horror. Ahora entiendo por qué algunas personas se vuelcan a las drogas cuando se sienten como me sentí. Las sensaciones de ansiedad y malestar, junto con la fatiga extrema, parecían profundizarse. Sentí como si las cosas en mi interior se desmoronaran y como si yo me viniera abajo. En mis horas de desesperación clamé a Dios, como un niño que llama a su papá después de una pesadilla. La presencia del Señor me rodeó y me sustentó en esa difícil temporada.

Si usted no conoce al Señor, ¿qué hará para calmar su corazón y su mente? Si no conoce a Dios y enfrenta una tragedia repentina o una carga de estrés que está a punto de agobiarlo, ¿qué hará para tranquilizar sus emociones? Es fácil volcarse a las drogas, al alcohol o a algo que espera que le dé un escape momentáneo.

La buena noticia es que quienes conocen verdaderamente al Señor no necesitan bajar por el sendero que lleva a la adicción química. Pueden clamar a Dios: «¡Apóyame! ¡Ayúdame! ¡No me dejes caer!» Mientras más clamemos a Dios con un corazón sincero, más nos transmitirá su presencia para alejarnos de la ansiedad, aplacar el mundo que parece estar fuera de control y darnos paz verdadera.

Nuestro afectuoso Padre celestial nos sostiene. Oye nuestros lamentos. Nos abraza con sus brazos eternos. Nos toma firmemente por medio de su consuelo. Mientras más cerca estemos de Él, más tranquilo llega a estar nuestro espíritu.

¿QUÉ DEBEMOS HACER EN EL MOMENTO
EN QUE NOS ATACA LA ANSIEDAD?

¿Qué debemos hacer cuando ataca la ansiedad? Primero, y antes que todo, debemos pedir a Dios que nos dé su paz y sus respuestas. Conozco un hombre que vive en las afueras de Atlanta. Un día, hace dos años, sintió algunas sensaciones extrañas en la pierna. Esta molestia continuó, por lo que buscó consejo médico. Después de una serie de exámenes su médico le dijo que tenía una violenta y rara clase de cáncer.

El hombre quedó devastado por la noticia. Como era un atleta de vibrante salud (al menos eso creía), vio que su futuro se derrumbaba ante él. La ansiedad comenzó a apoderarse de su mente. Empezó a imaginarse los peores panoramas posibles. Sin embargo, gracias a Dios sus amigos no lo abandonaron, lo apoyaron y animaron su fe. Lo instaron a considerar que la presencia y la paz de Dios estaban a disposición de él.

Hoy día este hombre está sano y ayuda regularmente a otras víctimas de cáncer mientras luchan con sus propias vivencias. Tiene paz e intenta transmitirla a otros. Descubrió el secreto de la paz cuando la preocupación y la ansiedad surgieron en su camino. ¿Cómo deberíamos actuar nosotros?

Muy específicamente, debemos pedirle a Dios que trate con los problemas que están llenando nuestras mentes, tanto en forma consciente como subconsciente. Esto no es algo para hacer una sola vez. Es algo que debemos hacer varias veces durante el día.

Debemos pedirle al Señor que nos ayude a enfocar todos nuestros pensamientos y toda nuestra energía en la situación inmediata que tenemos a mano.

Dígale al Señor: «Tú estás en control de esta situación. Confío en que trates con esta persona o personas problemáticas, o con estas circunstancias. Ayúdame a poner toda mi atención en la tarea que has puesto delante de mí. Tranquiliza mi corazón, enfoca mi atención, llena mi mente con tus ideas y soluciones creativas y dame la fortaleza para ser diligente hasta que este proyecto o reunión se desarrolle por completo».

A MEDIDA QUE LA ANSIEDAD SE CALMA

A medida que amaina la fuerza del ataque de ansiedad necesita establecer este asunto en su vida: *¿Está Dios, mi amoroso Padre celestial, buscando todo el tiempo mi bien eterno, o no?*

La clave para vencer la ansiedad es hacer que su opinión acerca de Dios sea la correcta.

La clave para vencer la ansiedad es hacer que su opinión acerca de Dios sea la correcta. La verdad es que Él es soberano. Él creó todo y tiene control absoluto sobre todo aspecto de su creación. Es todopoderoso, omnisapiente y omnipresente.

Dios conoce absolutamente todo acerca de la situación que usted vive. Sabe cómo extraer plenitud del quebranto. Sabe cómo levantar fortaleza de la debilidad. Sabe cómo sanar lo enfermo. Sabe cómo sacar reconciliación y amor del distanciamiento y el odio.

Además, el Señor lo ama con amor incondicional, incomprensible e inconmensurable. Él sabe todo acerca de usted, y aun así lo ama.

Un Padre celestial que está en control total, que es omnisapiente y omnipresente es alguien en quien usted puede confiar. La confianza hace que la ansiedad desaparezca.

LA DECISIÓN ES SUYA

Usted puede caer en una espiral descendente de ansiedad. O puede decir: «¡Padre celestial! Llevo esto ante ti. Está más allá de mi control o influencia. Me siento indefenso en esta situación, pero tú tienes el poder para cambiarla. Tú me amas de modo perfecto. Confío en que manejes esto en la mejor manera. Sé que cualquier cosa que hayas planeado para mí es para mi beneficio. Espero ver el camino en que decidas expresar tu amor, tu sabiduría y tu poder». Amigo, este es el camino de la paz, fuera de la ansiedad y la preocupación.

NUEVE

CÓMO LLEGAR A LAS CAUSAS DE LA ANSIEDAD PROLONGADA

¿Estarás listo?

Por años he respondido «sí» a esa pregunta que a menudo hacen a los predicadores. «Sí, por supuesto que estaré listo para predicar un buen sermón el domingo». Pero profundamente en mi interior tenía dudas acerca de mí.

Algo por lo que me sentí ansioso casi toda mi vida adulta fue porque no estuviera listo para predicar el domingo. Oraba. Estudiaba con diligencia. Confiaba en Dios. Pero luego oraba más y estudiaba más. Y luego... oraba aún más y estudiaba aún más. Vivía con la ansiedad del próximo sermón hasta el momento en que me paraba a predicar. Después comenzaba a preocuparme por el sermón del domingo siguiente. Solo en los últimos años he tenido victoria sobre ese ciclo de ansiedad y alivio de toda la vida.

En gran parte somos nosotros quienes determinamos cuánto tiempo tendremos ansiedad. De ahí la necesidad de que todo aquel que experimente constantemente ataques de ansiedad, además de una continua sensación de angustia y preocupación, se haga una revisión física completa. Sin embargo, muy a menudo fallamos en tratar con los asuntos que nos complican, y permitimos que la ansiedad y la preocupación se establezcan de modo permanente en nuestras almas. El resultado es que perdemos nuestra paz.

Como lo experimenté personalmente, si permitimos que se arraiguen en nuestra mente pensamientos negativos y llenos de preocupación, podemos crear un estado general de ansiedad. Esta manera de pensar se puede establecer dentro de nosotros y guiarnos a actitudes negativas que pueden durar años.

Algunas personas me dicen: «Simplemente me angustio por todo». O me han dicho de alguien que conocen bien: «Él siempre está nervioso» o «ella acostumbra a preocuparse mucho». Algunos individuos se refieren a este estado continuo de ansiedad como estar *encadenado* o *siempre tenso*. No obstante, si un estado de ansiedad se ha vuelto la norma para su vida, debe mirar las razones de ese sentimiento. Por lo general están relacionadas con profundas necesidades interiores, las cuales tienden a relacionarse con uno o más de los siguientes aspectos.

NECESIDADES INTERIORES QUE OCASIONAN ANSIEDAD PROLONGADA

1. FALTA DE VALOR PROPIO

Alguien que siente una falta de valía personal ha perdido de vista su valor ante Dios, nuestro Padre celestial. Le recordaré otra vez lo que el Señor dijo:

> Mirad las aves del cielo, que no siembran, ni siegan ni recogen en graneros; y vuestro Padre celestial las alimenta. ¿No valéis vosotros mucho más que ellas? (Mateo 6.26).

Creo que Jesús estaba diciéndoles a quienes le escuchaban que una persona con bajo valor personal no ve que sus necesidades sean tan valiosas como las de las aves, las cuales están continuamente bajo la mirada vigilante de Dios.

Por eso muchos de nosotros no pensamos que el Señor pueda o desee suplir nuestras necesidades día a día, hora a hora y minuto a minuto. No nos vemos dignos del cuidado que Él prodiga a un pajarito en el jardín.

Algunas personas me han dicho: «A Dios no le importa que mi auto se descomponga». Sí, sí le importa.

«Al Señor no le preocupa que gotee la tubería de mi baño». Sí, sí le preocupa.

«A Dios no le interesa si me dan un aumento en el trabajo». Sí, sí le interesa.

El Señor se preocupa de todos los detalles de su vida, y su plan es proporcionarle todo lo que necesita.

Hay varias razones para que tendamos a vernos indignos del amor de Dios; sin embargo, ¿recuerda el plan que Él llevó a cabo? Jesús se sacrificó por usted y por mí.

Ninguna otra cosa que el Señor pudiera hacer alguna vez sería una muestra mayor de la verdad de que lo considera a usted digno de amor, alimento y bendiciones.

2. ANHELO DE CONTROL TOTAL

Una segunda causa interior de ansiedad es un deseo de controlar todas las cosas para nuestro beneficio, incluyendo aquellas sobre las que no tenemos poder. Creo que este deseo de poder y control nace a menudo de una falta de confianza en Dios, quien es el único que puede controlar todos los aspectos de nuestra vida.

La gente hace muchas cosas hoy día en un esfuerzo por controlar su vida, desde tomar vitaminas hasta ejercitarse diariamente, desde comer cinco porciones de frutas y verduras hasta dormir lo suficiente. Bueno, esto es beneficioso, y como rutina forma buenos hábitos de alimentación y ejercicio. Pero no lo hago para prolongar mi vida, sino más bien para darle buena calidad a cada hora que vivo.

Una vida llena de ansiedad produce lo contrario de energía, vitalidad, aumento de productividad y abundancia de vida. La ansiedad está ligada a numerosas enfermedades y males, desde ataques cardíacos y derrames cerebrales hasta presión arterial elevada, desde desórdenes en el sistema digestivo hasta crisis nerviosas, desde incremento de accidentes en el hogar y el trabajo hasta menor eficiencia y menor concentración en cualquier tarea asignada. Usted nunca ha oído de individuos «preocupados hasta la vida»; no, la frase que con frecuencia utilizamos es: «Preocupados hasta la muerte». En realidad la ansiedad puede matar una relación, destruir el encanto de cualquier acontecimiento o experiencia, y quitar muchos méritos a la buena disposición de una persona para emprender nuevos desafíos y oportunidades.

La gente se preocupa de muchas cosas que no puede controlar. La ansiedad que tenga no influirá en el clima de mañana, no hará que otra persona le ame, ni le permitirá revivir un solo segundo del ayer.

Deje que Dios haga lo que solo Él puede hacer. Confíe en que en su infinito amor y misericordia actuará a favor de usted.

> **La ansiedad que tenga no influirá en el clima de mañana, no hará que otra persona le ame, ni le permitirá revivir un solo segundo del ayer.**

3. PREOCUPACIÓN POR LO QUE LOS DEMÁS PIENSAN

En los Estados Unidos tenemos una industria multimillonaria de la confección, la cual se ha levantado sobre la hipótesis de que lucir bien es importante. Tratamos de vestirnos bien porque nos preocupa el modo en que los demás nos ven. Es verdad. Nos ponemos ansiosos por nuestra apariencia y nuestra actuación en la vida. En otras palabras, a muchos nos preocupa cómo nos vestimos, y esa es otra causa de profunda ansiedad interior.

Trabajamos más horas y más duro, y sobrecargamos nuestras vidas en un esfuerzo para impresionar a otros con nuestra productividad y rendimiento, o al menos para satisfacer nuestra necesidad interior de triunfar.

De vez en cuando oímos de algún famoso ejecutivo o de alguna famosa estrella en alguna esfera de la sociedad que nos deja estupefactos cuando abandonan la lucha y optan por una vida más tranquila y serena. Incluso mientras escribo este libro, algunos políticos respetados en mi país, que prácticamente tienen asegurada la reelección, han decidido no participar más en la política. Esto va en contra de los principios de nuestra cultura estadounidense de «éxito a cualquier costo», y hace que algunas personas reevalúen sus prioridades, lo cual es bueno. Esto nos permite reflexionar en las enseñanzas de nuestro Maestro.

Jesús nos dice que la opinión de nuestro Padre celestial acerca de quiénes somos es lo único que importa de veras. Si Él nos aprueba, esa es la única aprobación que necesitamos. Él nos proporciona nuestra identidad y una belleza interior que supera cualquier cosa relacionada con lo que podríamos vestir, poseer, manejar o habitar.

En cuanto a nuestro rendimiento, ¿qué espera más nuestro Padre celestial sino que demos lo mejor? Somos responsables de prepararnos a conciencia, ¡para luego salir a trabajar duro!

Durante muchos años me aterraba desilusionar a Dios por no cumplir con sus elevadas normas (cualesquiera que fueran), pero ahora sé que no puedo desilusionarlo.

Alguien podría desobedecer a Dios, sea consciente o inconscientemente, pero no puede desilusionarlo. Una persona puede pecar o rebelarse contra Dios y cosechar las consecuencias divinas de ese pecado como medio de corrección, pero no puede desilusionar al Señor.

Deténgase un momento para pensar en esto. Un Dios a quien se pueda desilusionar es un Dios que ama condicionalmente, un Dios que nos ama si actuamos bien, y que nos quita su amor si nos desempeñamos mal. La verdad del amor de Dios es que es incondicional.

¡Él nos ama todo el tiempo con amor infinito, irresistible, misericordioso, gentil y apasionado! El abrazo del amor de Dios no cambia según nuestro desempeño. En ciertas circunstancias nos podríamos sentir incompetentes e incapaces de completar con éxito una misión, pero eso no tiene que ser una sensación permanente y continua en nosotros. Dios puede ayudarnos, y lo hará.

> Alguien podría desobedecer a Dios, sea consciente o inconscientemente, pero no puede desilusionarlo.

El Señor podría susurrar a nuestro corazón: «Puedo ayudarte a que mejores en eso. Yo te creé para que lo hagas mejor. Deseo que mejores eso». Incluso a medida que Él susurra estos mensajes a nuestro corazón está abrazándonos y valorándonos más allá de cualquier medida. Dios no retira de sus hijos su presencia ni su amor.

Mi temor de fracasar estaba enraizado en la incomprensión del amor incondicional de Dios. Se originaba al no saber que todo el tiempo Dios me consideraba digno y valioso. Ese temor se producía porque yo no era consciente de que nunca podría desilusionar al Señor, y de que Él nunca me rechazaría ni quitaría de mí su presencia ni su amor.

¿Ha llegado al punto en su vida en que sabe de veras que el Señor lo ama y que nada que usted diga o haga lo pondrá más allá del reino de su amor infinito e incondicional? Si conoce con seguridad este gran amor de Dios, entonces también sabe que aunque usted podría desilusionarse, o desilusionar a otros, no puede desilusionar a Dios. Él nunca lo abandonará, nunca lo dejará ni le dará la espalda.

Nuestra parte es confiar en Dios y reconocerlo en todas las cosas. La parte de Dios es llevarnos y guiarnos por los senderos que Él desea que sigamos.

4. LUCHAS POR SEGUIR LOS PATRONES DEL MUNDO

El mundo nos dice que nos sentiremos seguros y estaremos libres de toda ansiedad si sencillamente tenemos suficiente dinero en nuestras cuentas bancarias, fondos de inversiones o ahorros de jubilación. Eso no es cierto. No hay seguridad perdurable en dineros, acciones, fondos o cualquier inversión económica.

El mundo nos dice que nos sentiremos seguros si logramos pagar por completo la hipoteca de nuestra casa. No es cierto. Ninguna casa está ciento por ciento segura contra desastres naturales, incendio o vandalismo.

El mundo nos dice que solo nos sentiremos seguros si seguimos cierto régimen alimentario. No es verdad. Incluso personas en muy buena condición física y aparentemente sanas tienen accidentes, contraen enfermedades contagiosas y están sujetas a males que amenazan la vida.

El mundo nos dice que nos sentiremos seguros y libres de ansiedad en nuestra carrera si recibimos un ascenso a un cargo elevado en la empresa, o si logramos cierto nivel de fama. Eso tampoco es verdad. Cualquier actor o actriz de cine le dirá que ellos solo son famosos mientras dure el éxito de la película o la representación. Cualquier ejecutivo comercial le dirá que los presidentes ejecutivos, los altos funcionarios y los empleados más importantes en el mundo empresarial moderno tienen a veces más probabilidades de perder sus empleos que muchos empleados de menor categoría.

Lo cierto es que el mundo no tiene solución mágica para tener ciento por ciento de seguridad en ningún aspecto de la vida. Solo Jesús puede dar a una persona la confianza de profunda seguridad interior.

—Bueno, de vuelta a la realidad —me dijo alguien hace poco—. Me da pavor regresar a la oficina.

—¿No disfrutas tu trabajo? —inquirí.

—No —admitió—. No en realidad. Me gustan los productos que fabricamos, el dinero que gano y la gente con la que trabajo, pero no disfruto las tareas, la presión ni las responsabilidades que enfrento cada día.

—¿Por qué no buscas un trabajo en el cual te sientas feliz al levantarte y al trabajar cada mañana?

Me miró como si este pensamiento nunca hubiera atravesado su mente.

—Sería demasiado arriesgado —contestó con gran cansancio en la voz—. Dudo de que a mi edad alguna otra empresa me contrate con un sueldo decente.

—¿Te has detenido alguna vez a pensar lo que te gustaría hacer si no tuvieras el trabajo que ahora tienes?

Los ojos del hombre brillaron.

—¡Por supuesto! —dijo, pero entonces dejó caer los hombros y desapareció el brillo de sus ojos—. Pero eso es tan solo soñar despierto. Quizás pueda hacerlo en otros diez años, cuando me jubile.

Sentí pena por este hombre mientras lo veía alejarse. Qué duro pensar en levantarse cada mañana e ir al trabajo por puro formulismo, solo por dinero. Un trabajo así es una carga, no una bendición. Y mientras mayor sea la carga asociada con cualquier responsabilidad, mayor es la tensión, la frustración y la ansiedad. Además, hay muchas oportunidades de arrepentirse por no haber intentado. Si este hombre no va tras los sueños que Dios le ha dado, y que residen en lo más profundo de su ser, en el futuro se verá manifestando: «Me arrepiento de haber gastado mi vida haciendo lo que hice. Ojalá hubiera tomado un sendero distinto. Se sentirá especialmente así si desarrolla problemas de salud que le impidan seguir tras sus sueños cuando se jubile, en diez años.

Si está estancado en un trabajo o en una situación demasiado tediosa, aburrida, agotadora o que involucra lucha constante, ¡produzca un cambio! No hablo de tener un día tedioso, una semana aburrida o una quincena agotadora mientras concluye un proyecto. Todo trabajo tiene ciertos momentos y períodos que son más exigentes que otros. Hablo de un trabajo con el que se asocie muy poca emoción y gozo, un empleo que parezca drenarlo sin brindarle mucha satisfacción o realización. Un trabajo sin más recompensa interior que un cheque externo no es un trabajo digno del tiempo y la energía de su vida.

Pregúntele a Dios qué quiere que usted haga, y empiece a obtener la información y la capacitación para realizar ese trabajo. Comience a desarrollar las destrezas necesarias para el *trabajo de sus sueños*. Envíe solicitudes de empleo en ese campo.

Si cree estar en el empleo que Dios le ha dado, pero este le consume constantemente sus emociones, su energía y su creatividad, pídale al Señor que le ayude a desarrollar una nueva actitud hacia el trabajo. Pídale que le muestre sus más altos propósitos para que usted esté donde Él lo haya puesto. Empiece a ver su trabajo como una oportunidad dada por Dios.

5. VIVIR EN EL FUTURO

Una de las causas más importantes de ansiedad es el anhelo de que lleguen las cosas buenas del futuro. Hoy día muchos hijos viven con esta confusión; ansían crecer, *al fin* ser adolescentes o salir solos. Otras personas temen al futuro. Generalmente, quienes tienen una opinión negativa de la confiabilidad de Dios y de la vida en general tienen deseos de entrar al futuro para así dejar tras ellos las cosas malas del presente. Les preocupa lo que sucederá en el futuro cercano, o lejano, y se pierden la plenitud del presente porque están ansiosos por el mañana.

Alguien podría decir:

«Suponga que no logro entrar a la universidad que deseo».

«Suponga que no obtengo el empleo que quiero».

«Suponga que me despiden».

«Suponga que la persona que amo no me corresponde».

«Suponga que los invitados a mi fiesta no vengan o que no la pasen bien».

«Suponga que surja algo que me impida salir a tiempo para mis vacaciones».

Amigo, el Dios que está en control del presente también es el Dios que está completamente en control del futuro. ¡Él ya se ha preparado para lo que le vendrá a usted! Ya ha provisto lo que necesitará mañana. Ya ha anticipado los problemas futuros que enfrentará y ha puesto en acción todo lo necesario para resolverlos.

> **El Dios que está en control del presente también es el Dios que está completamente en control del futuro.**

Usted no puede predecir el futuro, no puede prepararse totalmente para toda contingencia, no puede proveer por completo para todas sus necesidades futuras. Dios no solo puede hacerlo, ¡sino que lo ha hecho! Él no está desprevenido. No se le puede tomar por sorpresa. Nunca se queda corto. Por consiguiente, no tiene que vivir con ansiedad por el futuro. El corazón pletórico de paz es aquel que reconoce: «Mis tiempos están en manos de Dios».

El Señor desea que veamos nuestros problemas desde su perspectiva, se trate de las preocupaciones presentes o de las que se avecinan. No debemos negar estos problemas o intentar escapar de ellos, sino más bien considerarlos como sufrimientos y tribulaciones que debemos vencer.

Dios no espera que soportemos una ansiedad constante. Su intención es que confrontemos esas situaciones que nos llenan de ansiedad, que hagamos frente a la ansiedad que hemos permitido que se aloje en nuestro corazón, y que entendamos la agitación interior que sentimos. La intención del Señor es que resistamos la tendencia a preocuparnos, a volvernos temerosos, y que nos neguemos a hacer a un lado nuestra paz, sin que importe lo que el diablo nos ponga por delante.

No conozco una persona que se vuelva inmune a la ansiedad. Pero confío en esto: Se necesita mucho para que hoy día yo esté ansioso. Al recordar mi vida me doy cuenta de que ya no me molesta tanto lo que antes me disgustaba. Lo que antes me hacía sentir ansioso no me causa ansiedad ahora. También sé que mientras alguien confíe más en que Dios suplirá sus necesidades interiores, más crecerá su fe y más rápidamente podrá confiar en el Señor en toda situación.

Le animo para que hoy:

- No permita que la ansiedad se convierta en una forma de ser en su vida.

- Crea en Dios cuando le dice que usted es digno de su cuidado constante.

- Rinda a Dios el control total de cada área de su vida.

- Se niegue a que le afecte lo que los demás piensen de usted.

- Se niegue a funcionar según los sistemas del mundo.

- Alinee sus prioridades con las prioridades de Dios para usted.

- Decida vivir hoy, no mañana.

De este modo se encontrará viviendo con una paz interior creciente.

DIEZ

VIVA EN PAZ CON LOS DEMÁS

El apóstol Pablo escribió a sus amigos en Roma una directriz muy franca y práctica. Les dijo que, hasta donde fuera posible, intentaran vivir en paz con todo el mundo. A veces eso podría ser un desafío.

Parece casi inevitable que todos tengamos vecinos o conocidos con quienes no es fácil llevarse bien. Quizás algunos de ellos dirán lo mismo de usted. Sin embargo, se nos anima a hacer todo lo posible para vivir en paz con todos los hombres y mujeres.

La insinuación es que no será posible en todas las situaciones estar en paz con todas las personas. Pablo dice que «si es posible» y «en cuanto dependa de vosotros» (Romanos 12.18). Algunas personas sencillamente no vivirán en paz con usted a pesar de lo que haga o no haga.

Dios conoce nuestra naturaleza humana. Él sabe que de vez en cuando habrá desacuerdos con otras personas, incluso con otros seguidores de Jesús que son nuestros hermanos y hermanas en la fe. El reto del Maestro para nosotros es: No deje que la culpa por la falta de paz sea el resultado de algo que *usted* haya hecho.

La importancia de esta directriz se puede ver en la historia de un hombre llamado Brian, que vivía en Illinois. Él era un fornido joven de poco más de veinte años, y su vida cambió de modo dramático cuando Dios le habló y él respondió en fe y compromiso. Durante varios años fue un cristiano fiel y con carácter, hasta que sucedió algo fatídico. Brian tuvo una confrontación con alguien en su iglesia local y fue ofendido. Él dijo: «Nunca volveré a la iglesia debido a esta afrenta», y al mismo tiempo abandonó su caminar con Dios. Durante los cuarenta años que siguieron vivió con la amargura y el enojo de ese triste momento hasta que un día, ya con más de sesenta años, estaba podando un árbol en su patio. Su casa solo estaba a una cuadra de la iglesia que décadas atrás había abandonado.

Mientras Brian estaba trepado a las ramas escuchó perfectamente la voz de Dios que le decía: «Brian, has hecho caso omiso a mi voz durante todos estos años. Esta es la última vez que te invito a perdonar a quienes te hirieron, y a que te arrepientas de tu amargura y de tu enojo».

Brian comprendió que esta era su última oportunidad de enmendar las cosas con su iglesia y con su Dios. Así que inmediatamente fue a la iglesia, se arrepintió en público y pidió perdón. En los años que le quedaron de vida fue pilar de la iglesia. Siempre allí, siempre sirviendo, preocupado siempre por los demás. A menudo rememoraba el hecho de que perdió cuarenta y tantos años de gozo debido a su tonta equivocación.

DESHÁGASE DE UNA ACTITUD EGOÍSTA

Orgullo y egoísmo eran los problemas principales de Brian. Estos devastaron su relación con otros y su propio bienestar interior. Es difícil hacer a un lado el orgullo, pues este se encuentra en el centro de nuestro ser. Nuestro instinto humano natural no es ser desinteresados, dadores o generosos con los demás.

Compartir es una de las primeras lecciones que cada padre intenta enseñar a su hijo. Desde el momento en que nacen, los bebés quieren lo que desean, y si no lo obtienen, lloran, y a veces gritan y se quejan. Es muy raro el niño que desea compartir un juguete favorito o una galleta de chocolate con otro pequeño. Algunas veces un niño toma un artículo con tanta firmeza para negarse a entregarlo, que se puede desarrollar un tira y afloja entre un padre y su hijo.

Ese instinto de *yo primero* permanece con nosotros. No se va inmediatamente cuando nos volvemos cristianos. Dios no quita el egoísmo y el orgullo de nosotros por medio de alguna cirugía espiritual. El orgullo autoenfocado es algo que debemos dejar a un lado, abandonar o ceder ante el Señor. Aprender a servir a otros, a hacer a un lado nuestras vidas por los demás es un principio que la Biblia enseña claramente; pero no se nos enseña como si fuera una fácil lección que debamos aprender. No parece haber una respuesta fácil en este campo de hacer a un lado nuestros derechos por el bien de alguien más.

Cuando Brian tomó la decisión de permitir que en su corazón residieran la amargura y el enojo sin resolver, se convirtió en un prisionero de los acontecimientos que siguieron: relaciones rotas, contactos rotos con su iglesia y, más que nada, un espíritu duradero de arrogancia hacia el Dios que le había ofrecido su paz y su salvación. En otras palabras, Brian se convirtió en un hombre que perdió su paz, y la paz de Dios.

La historia de Brian ilustra cuán fácil es dejar que asuntos de diversa clase dañen o destruyan nuestra paz.

ASUNTOS SUPERFICIALES PUEDEN OCASIONAR CONFLICTOS DESTRUCTIVOS

El orgullo se filtra profundamente, pero hay una cantidad más de asuntos superficiales que pueden destruir la paz y ocasionar conflictos en nuestras vidas. La diferencia es que el orgullo resulta *automáticamente* en conflicto. Estos asuntos superficiales no *deben* crear conflicto. Lo causan solo porque dejamos que lo hagan. Estos son asuntos que se pueden resolver o acortar de tal modo que no se vuelvan divisivos.

He aquí cuatro de estos asuntos problemáticos:

1. CONFLICTOS PERSONALES

Los asuntos de Brian no se basaban en conflictos personales. Él sintió que alguien en su iglesia lo calumnió y lo acusó falsamente. Sin embargo, en realidad no importa si una relación se rompe o se estropea debido a cualquier clase de conflicto, ¡el resultado siempre es malo!

Con seguridad que no todos somos iguales, no tenemos el mismo estilo, no disfrutamos lo mismo, no pensamos ni actuamos de la misma manera. Tenemos diferencias en nuestras personalidades. Pero un conflicto de personalidad no debe dar como resultado enemistad o guerra. Un conflicto de personalidad no es una buena razón para dejar fuera a otra persona, criticarla o vengarnos de ella. Admita que somos seres humanos diferentes. Sea amable y cortés; y siga su camino. Busque otras personas cuya compañía disfrute. Pero no cierre una puerta de ministración ni se niegue a ayudar a una persona solo porque a usted no le gusta su personalidad.

Alguien me dijo una vez: «No creo que Dios espere que me lleve bien con alguien que tenga una personalidad que no me gusta».

Sí, el Señor espera eso.

Llevarse bien con alguien no debería tener nada que ver con la personalidad de ese individuo. ¡La Biblia no muestra en ningún lugar que la personalidad de alguien debe invalidar nuestra obligación de mostrar amabilidad, misericordia, perdón, educación o buenos modales! La personalidad no debería influir más que la edad, la raza, el sexo, la cultura, la nacionalidad u otro factor delimitante.

¿Cuántas personas conoce que se casaron con quienes tuvieran sus mismas personalidades? La realidad es que muchos se casan con individuos que *no son* como ellos. A menudo es muy cierto el antiguo adagio: «Los opuestos se atraen». Eso no necesariamente significa que los opuestos vivan bien juntos. Lo que nos atrae de otra persona (esos rasgos que no corresponden a los que tenemos, y que son por lo tanto interesantes y nos intrigan) a veces son características con las que resulta difícil vivir.

> A menudo es muy cierto el antiguo adagio: «Los opuestos se atraen». Eso no necesariamente significa que los opuestos vivan bien juntos.

Por otra parte, las diferencias pueden ser muy beneficiosas y enriquecedoras. Estas nos obligan a salir de nuestras zonas cómodas, nos exigen y nos hacen crecer. Nos pueden retar a ser mejores de lo que hemos sido, a hacer más de lo que hemos hecho, y a seguir tras metas más elevadas de las que hemos establecido antes para nuestras vidas. Las diferencias pueden agregar sabor a una relación.

2. DIFERENCIAS DE OPINIÓN

Lo que se considera cierto para conflictos de personalidad también es cierto para quienes tienen diferencias de opinión.

Las conversaciones más interesantes son a veces aquellas en las cuales dos individuos tienen diferentes opiniones o puntos de vista. Los involucrados muy bien podrían haber tenido diferencias de educación o de experiencias pasadas. Las conversaciones que involucran diferencias pueden ser muy esclarecedoras, placenteras y activas.

Si dejamos que el odio, el enojo, el resentimiento y la amargura entren en nuestras diferencias estamos en peligro de destruir una relación. Usted es responsable de protegerse contra el desarrollo del odio, el enojo, el resentimiento o la amargura en *su* corazón.

La manera en como se siente hacia otra persona no es consecuencia automática de lo que esta hizo; es un asunto de lo que usted *se* permitió sentir.

No necesariamente debemos concordar con los demás en todos los puntos de cada aspecto para tener relaciones productivas, valiosas, agradables y determinantes. De ser así, dudo que alguien tuviera amistades o matrimonios duraderos. La verdad es que todos somos seres humanos diferentes con distintos ideales, perspectivas e ideas acerca de nuestro mundo, pero tales diferencias no deberían ocasionar quebranto entre nosotros. Deberíamos poder vivir en paz unos con otros. Una característica valiosa que capacita a las personas de diferentes valores para tener amistades satisfactorias mutuas es mostrar lealtad unas con las otras. La lealtad nos permite discrepar sobre ciertos asuntos y sin embargo estar comprometidos con nuestra amistad y con una asociación perdurable.

Lamentablemente, dentro de la cristiandad existen muchas denominaciones, iglesias y bandos diversos. Estas divisiones a menudo han ocurrido porque en alguna parte de la historia del cristianismo algunos personajes clave discreparon sobre la interpretación de las Escrituras o sobre algún asunto teológico.

Algunas de estas diferencias eran totalmente innecesarias. No es necesario que todos los cristianos crean *exactamente* lo mismo acerca de todos los pasajes bíblicos. Hay algunos temas en los que es imposible llegar a un acuerdo, porque no hay manera de probar que una idea o perspectiva particular sea la correcta.

Permítame darle un ejemplo de esto.

Cuando estaba en el instituto bíblico varios amigos y yo discutíamos periódicamente sobre lo que la Biblia dice acerca del final de los tiempos. Algunos decían: «¡El Señor regresa pronto!», y citaban Escrituras como evidencia de que el regreso del Señor era inminente. Otros decían: «No puede venir tan pronto, antes se deben cumplir todas esas cosas», y citaban varios pasajes bíblicos para apoyar su punto de vista. Incluso otros decían: «¡No podemos saberlo! Hasta Jesús dijo que Él no conocía el día o la hora de su regreso a la tierra, ¡solo el Padre!»

Estas discusiones hasta altas horas de la noche en los dormitorios o en una cafetería mientras consumíamos una hamburguesa y una leche malteada eran animadas, algunas veces acaloradas y enérgicas y otras hasta divertidas. Pero al final ninguno de nosotros podía *garantizar* que tenía la razón. Creíamos lo que creíamos, pero ninguno podía probar nuestros puntos porque la prueba llegaría solo *después* de que el pueblo de Dios fuera llevado al cielo para estar con Él para siempre.

¿Seguíamos mis compañeros y yo siendo amigos después de toda una velada de discutir acerca del final de los tiempos? Más que definitivamente. Nuestras discusiones nada tenían que ver con la naturaleza continua de nuestra amistad.

¿Deberían dividir tales discrepancias teológicas al cuerpo de Cristo? Absolutamente no. Hay mucho por hacer para enseñar a otros acerca del plan de Dios para sus vidas. Debemos dejar a un lado cualquier diferencia doctrinal que nos impida trabajar juntos hacia el final. Lo que nos une es el mensaje de que Jesús ofrece salvación a todo aquel que cree en Él.

A propósito, amigo, de vez en cuando puede descubrir que una persona con la que ha discrepado *tiene razón*. Aunque a menudo nos es difícil admitirlo, ¡en ocasiones estamos completamente equivocados! Así es, todos nos equivocamos de vez en cuando. En una situación en particular quizás puede haber pensado que tenía todos los hechos o la sabiduría que necesitaba para llegar a una decisión correcta o a hacer una elección adecuada, solo para descubrir que no disponía de la historia completa. Si ese es el caso, no sostenga el error por soberbia. Admita que estaba equivocado. ¡Decida aprender, adaptarse y crecer!

3. Diferencias en estilo y metodología

De vez en cuando se encontrará con personas que le caen bien y que creen lo mismo que usted, pero con las que discrepa en algún particular enfoque, en la toma de decisiones, metodología o estilo de elección.

Hace muchos años descubrí que un hombre que trabajaba conmigo en Ministerios en Contacto tenía un estilo de organización diferente del mío cuando se trataba del modo en que ordenaba su oficina. O quizás debería decir que fallaba en la forma de ordenar su oficina. ¡No tenía orden organizativo que yo pudiera detectar!

Cuando estudio un sermón o estoy en medio de la investigación de un proyecto quizás tenga cualquier cantidad de libros de referencia y papeles abiertos y esparcidos a mi alrededor. Pero al final del día esos libros y papeles encuentran un sitio. No trabajo bien con mucho revoltijo por todos lados, y este hombre parecía estar mejor entre el desorden. Su escritorio estaba repleto de papeles, libros y carpetas de archivos mezclados y amontonados por todas partes.

Sin embargo, este hombre realizaba una cantidad asombrosa de trabajo. Parecía saber exactamente qué había en cada montón. Si le pedía una información en particular, él tenía una extraña manera de sacar aproximadamente dos terceras partes de una pila de papeles y archivos, y extraer el documento exacto que yo quería. Llegué a la conclusión de que él tenía una enorme diferencia en estilo, pero esa diferencia no impedía que trabajáramos juntos.

También estaba convencido de que no había ninguna esperanza de convencer alguna vez a este hombre de que debía tener menos revoltijo en la oficina. Tampoco había manera de que él me convenciera de que mi estilo de trabajo era menos aconsejable que el suyo. Acordamos discrepar en este asunto. Y, menos mal, siempre que teníamos alguna reunión especial, ¡él amablemente cerraba su puerta aun sin que se lo pidiéramos!

De vez en cuando las personas discreparán sobre la metodología. En tales casos el individuo responsable del éxito del proyecto debe ser el responsable de escoger el método por el cual se llevará a cabo. Si no logra estar de acuerdo con el método que un líder decide utilizar podría ayudar al líder sugiriéndole un nuevo enfoque. Pero si la persona que está en autoridad sobre usted concluye que lo hará del modo que cree que es el mejor, entonces lo mejor que puede hacer es estar de acuerdo en trabajar de ese modo, o si no deberá buscar otro empleo. Las diferencias en la metodología no son causa de frustración, odio, enojo o división. Por favor, no permita que un asunto de estilo le robe la paz.

4. ERRORES DE COMUNICACIÓN

En ocasiones experimentamos angustia debido a una falta de buena comunicación. Algunas veces las personas no exponen claramente sus posiciones e instrucciones o no oyen con exactitud lo que se les dice. Muy a menudo oímos lo que queremos escuchar. En otras ocasiones solo oímos parte de lo que se ha dicho, y es generalmente la parte que nos gusta o queremos creer.

No puedo decirle las veces que he predicado solo para que después se me acerquen algunas personas y me digan que les gustó de veras algo que dije en particular. ¡En muchas ocasiones lo que me han *oído* decir no fue exactamente lo que dije! Habían escuchado algo que les hacía sentir bien, que reforzaba lo que ya creían, o que les daba justificación para hacer lo que ya deseaban hacer.

¿Qué pasa con el enojo en la conversación? Déjeme señalar rápidamente que las explosiones de ira *no* son un buen estilo de comunicación. Si alguien tiene mal genio debe reconocer que no tiene verdadera paz interior. «Pero así es precisamente como Dios me hizo», dirán algunos. No, ese no es el modo en que Dios lo hizo. Quizás sea la manera en que sus padres influyeron en usted, o el modo que podría resultar de algunos patrones de comportamiento aprendidos mientras crecía; pero con seguridad no es lo que Dios pretende. Él es el Dios de paz. Usted debe ser alguien de paz. Cualquier forma de enojo es un medio de destruir la paz. El hermano de nuestro Señor, Santiago, dijo: «La ira del hombre no obra la justicia de Dios» (Santiago 1.20).

Tener una rabieta de vez en cuando podría ser un hábito que ha tenido por muchos años, aun desde la infancia. Pero tener un temperamento imprevisible no es la manera en que Dios lo diseñó.

Alguien con un temperamento malo y voluble es como un volcán. Esa lava líquida de ira siempre está ardiendo por dentro, y de vez en cuando ese flujo se descarga y sale a borbotones sobre otras personas. No es agradable tener alrededor a alguien con mal genio.

Cometemos una grave equivocación si pensamos que tener genio es señal de fortaleza (o de valentía, de firme determinación, de un carácter *consíguelo* y *haz que suceda*. Quienes creen esto tienden a pensar que las personas pacíficas son indiferentes, no muy ambiciosas, quizás perezosas, y que simplemente están dispuestas a ir con la corriente. Estas son percepciones falsas.

Alguien puede ser atrevido, decidido, tener mucho dinamismo para alcanzar sus metas dadas por Dios y nunca gritar a otras personas, lanzar una pataleta, llorar, golpearse contra las cosas, o incluso apretar el puño. Una persona puede sentirse descansada, tener una confianza sosegada y estar en paz, y no tener nada de perezoso. Una persona pacífica no es necesariamente alguien que se compromete rápidamente, y de seguro un individuo *piadoso* y pacífico no es alguien que se compromete con el mal en cualquier forma que pueda tomar.

La paz no es pasiva; es activa: positiva, motivadora y estimulante.

¿Lo malinterpretan? A veces es fácil enojarse y perder nuestra paz cuando sentimos que nos han malinterpretado. ¿Ha sentido rechazo alguna vez cuando alguien expresa algo que usted interpreta como crítica? No es fácil, pero si está comprometido a vivir en paz con los demás, esté dispuesto a reconocer que no es difícil malinterpretar las intenciones en palabras y acciones de otras personas.

> La paz no es pasiva, es activa: positiva, motivadora y estimulante.

En otras palabras, ¡a menudo el camino hacia la paz está pavimentado con el espíritu de conceder a otros el beneficio de la duda! Esto puede llevarlo a agradecer a alguien por su corrección en lugar de suponer que el individuo no tenía lo mejor para usted en mente cuando lo corrigió. El escritor de Proverbios dijo: «Hierro con hierro se aguza; y así el hombre aguza el rostro de su amigo» (Proverbios 27.17).

Ser malinterpretado es un asunto doloroso para algunos de nosotros. Me siento especialmente herido cuando sé que me han malinterpretado. ¡Me duele cuando alguien no ha entendido la intención o el motivo de mi corazón, y luego me habla de modo negativo o habla negativamente acerca de mí. Eso a veces ocurre, a pesar de mis mejores esfuerzos y mi disposición para comunicarme. ¿Intento replantear lo que creo o lo que recomiendo a fin de que se me entienda mejor? Así es. ¿Siempre tengo éxito en eso? No. El resultado es una herida en el corazón, aunque la otra persona no haya intentado herirme.

Asegúrese de que no está malinterpretando lo que los demás dicen. Pida clarificación.

Si cree que lo están malinterpretando, explique, clarifique o replantee sus motivos o lo que quiere decir. No ceda a la ira o al disgusto. ¡Siga intentado comunicarse!

Recuerde que no siempre estamos rodeados de amigos, por lo que habrá ocasiones en que podemos ser bombardeados por *dardos ardientes* ocasionales: insultos, comentarios críticos, el ridículo o palabras de rechazo. A veces le han lanzado estas palabras con un espíritu de venganza, odio o ira. En ocasiones oye cosas indirectamente. Algunas veces estos comentarios punzantes provienen de celos o de intentos de socavar su éxito. El bombardeo podría ser esporádico y ocasional, y en casos de maltrato emocional podría ser casi constante. Estos ataques pueden ser crueles y devastadores. No caiga en la trampa de pensar que es cierta la antigua rima infantil que dice: «Palos y piedras mis huesos herir podrán, pero palabras ningún daño me harán». No es así.

Los comentarios tipo *dardos ardientes* hieren. Nos causan heridas. No hay escape de ellos ni de las heridas que causan a menos que estemos aislados completamente de las demás personas, lo cual no es el deseo de Dios para nosotros. No, estos momentos son oportunidades para experimentar el poder y la presencia del Señor en nuestra vida, lo cual nos capacita para tener paz en medio de la persecución.

La buena noticia es que Jesús dijo: «Bienaventurados sois cuando por mi causa os vituperen y os persigan, y digan toda clase de mal contra vosotros, mintiendo. Gozaos y alegraos, porque vuestro galardón es grande en los cielos» (Mateo 5.11-12).

Deseo que vea dos aspectos en lo que Jesús afirmó. Primero dijo que somos bendecidos cuando la gente dice algo malo contra nosotros *falsamente*. Si hay verdad en las críticas que le lanzan, no le dé la espalda a esa verdad. Tome en serio estas críticas y pídale a Dios que cambie su actitud o comportamiento. No hay bendición en hacer algo errado, pecaminoso o que sea un acto de injusticia, y luego desentenderse de lo que ha hecho o negarlo. Solo hay bendición en aquello que hace que es bueno y correcto ante Dios.

Segundo, Jesús dijo que somos bendecidos si las personas expresan mal contra nosotros *mintiendo*. La bendición nos llega cuando estamos viviendo lo que el Señor nos ha llamado a ser y otros nos critican por hacer caso a lo que Dios dice, por obedecer su plan y su propósito para nuestras vidas.

La cuestión no es si hemos de ser heridos en la vida por lo que otros dicen, sino si hemos de perpetuar el daño y hurgar en la herida para que nunca sane. ¿Continuamos guardando resentimiento o amargura en nuestro corazón hacia la persona que ha hablado mal de nosotros? ¿Rechazamos a esa persona o cerramos los oídos a cualquier cosa más que pudiera decirnos? ¿Nos distanciamos de ese individuo?

> La bendición nos llega cuando estamos viviendo lo que el Señor nos ha llamado a ser y otros nos critican por hacer caso a lo que Dios dice, por obedecer su plan y su propósito para nuestras vidas.

La Palabra de Dios nos invita a reaccionar ante comentarios hirientes hablando bien y haciendo bien a quien nos insulta o nos critica. La Biblia nos llama a orar por quien nos hiere. Al hacerlo alejamos nuestro enfoque de nuestros sentimientos heridos y lo llevamos a algo positivo y beneficioso. También somos sabios al pedir al Señor que sane nuestros corazones y nos muestre cualquier lección que pudiéramos aprender de la herida que hemos experimentado. Debemos pedirle a Dios que nos ayude a perdonar a la otra persona. Luego, sabiendo que hemos hecho todo lo que el Señor nos ha pedido, y esperando que nos sane, nos restaure y nos fortalezca por completo, debemos seguir adelante con confianza, con fe y con su paz.

¿Recuerda a Brian? Él reaccionó erróneamente a un suceso desagradable de su vida y rechazó la directriz de Dios de ser perdonado y sanado por la gracia del Señor. Al contrario, decidió hacer lo «normal»: tomar las cosas a su modo y alimentar un espíritu de ira y amargura en su alma. Como resultado vivió sin la presencia y la paz de Dios todos esos años, a no ser por los momentos en que el Espíritu de Dios lo visitara y le instara a perdonar y arrepentirse de su enojo. Finalmente supo que tenía una última oportunidad y, gracias a Dios, la tomó.

Desde ese día en adelante todos los que conocían a Brian comprendieron que era un nuevo hombre, cambiado en semblante y en espíritu. Se convirtió en un hombre de paz: consigo mismo, con los demás y con Dios. En el próximo capítulo aprenderemos a restaurar relaciones perdidas con los demás, como hizo Brian.

ONCE

CÓMO RESTAURAR LA PAZ
EN LAS RELACIONES

Un desafío que cada uno de nosotros enfrenta con regularidad es: ¿Cómo podemos vivir en paz con otras personas y restaurar la paz cuando estallan conflictos? La realidad es que Dios desea que vivamos en paz con los demás. Él también sabe que no siempre estaremos en paz con otros; los conflictos ocurren. Estos a veces no se resuelven fácilmente. Es más, hay ocasiones en que *no se pueden* resolver. Sin embargo, como observé en el capítulo anterior, Dios quiere que hagamos todo lo que podamos para estar en paz con todo el mundo.

Quienes seguimos a Jesús sabemos muy bien que cuando Dios no está en total control de nuestra vida podemos actuar de modo tan infame como un incrédulo. Nuestra salvación no nos evita automáticamente ser mezquinos, celosos, odiosos o iracundos. Solo cuando pedimos al Espíritu Santo que obre en nosotros y por medio de nosotros, solo cuando cedemos nuestra naturaleza ante su naturaleza, solo cuando tratamos de ser sus representantes en esta tierra en toda relación que tenemos nos trasladamos más allá del orgullo hacia los comportamientos que establecen la paz.

Muy a menudo la gente no está dispuesta a responsabilizarse por sus acciones. Cuando surge una discusión, muchos individuos se acostumbran a la excusa «no lo puedo evitar, sencillamente así es como soy». No se dan cuenta de que pueden *cambiar* el modo en que son, ¡o de que Dios quiere que ellos hagan exactamente eso!

Recuerdo al hijo de uno de mis amigos. El muchacho estaba en último año de bachillerato, y una mañana no quería ir al colegio.

—Este será un mal día —dijo a su padre—. Solo sé que sucederán cosas malas. No me siento bien, y las cosas empeorarán. Papá, simplemente puedo sentirlo en mis huesos.

—Hijo —contestó el padre—, tu problema es que tienes tu radio sintonizada en la estación equivocada. Debes cambiar el dial a una estación más positiva. ¿Por qué no lo haces?

—Mi mano no quiere hacer eso —dijo el muchacho sin ningún reparo, mientras gesticulaba hacia su padre, mostrándole cómo su mano temblorosa no podía cambiar el dial.

Esa pequeña historia lo dice todo: elegir el curso correcto de acción, especialmente aquel que puede hacernos quedar mal o hacer que sintamos vergüenza por nuestra participación en una disputa, es probablemente lo último que queremos hacer, pero es la piedra fundamental para estar en paz con los demás. Es el *corazón* del asunto. Resalto la palabra *corazón* porque es la clave para estar en paz.

CÓMO TENER EL CORAZÓN ADECUADO PARA LA PAZ

Dios es la respuesta suprema para cualquier dificultad que pueda tener en una discusión o conflicto con otras personas. ¿Qué es lo primero que debería hacer si descubre que no puede resolver una diferencia o reconciliar un desacuerdo en paz? Lleve el problema ante el Señor. No salga corriendo hacia sus amigos. Quizás ellos le den o no un buen consejo. Vaya a la Palabra de Dios. Si hace esto, ¡recuerde que en la más famosa de las oraciones que Jesús enseñó a sus discípulos les dijo que pidieran al Padre celestial que los perdonara así como ellos perdonaban a los demás! Al mirar hacia Dios en busca de ayuda quizás usted sienta también la necesidad de pedir un consejo sabio a un consejero piadoso.

Mientras busca las directrices de Dios, revise su corazón. Vea si tiene...

UN CORAZÓN PURO

Cuando usted busca la paz, la actitud adecuada es un corazón puro. Jesús enseñó: «Tened sal en vosotros mismos; y tened paz los unos con los otros» (Marcos 9.50). Esta es una referencia directa a la pureza. En esa época la sal era la sustancia más pura conocida por el hombre. Venía de la más pura de las fuentes: el mar y el sol. Un corazón puro es consecuencia de querer solamente lo que Dios quiere, que son todas las cosas de beneficio eterno. En otras palabras, usted quiere que otros a su alrededor sigan a Jesús, crezcan espiritualmente, sean transformados y bendecidos en todas las maneras. Quienes tienen un corazón puro desean más lo que Dios desea que lo que ellos personalmente quieren.

UN CORAZÓN AFECTUOSO

El amor siempre se expresa dando. No todos los regalos se dan con amor, pero todo amor verdadero resulta en un flujo espontáneo de entrega: palabras, hechos, objetos, otras muestras de afecto. El amor nos permite ver más allá de las acciones de alguien y encontrar un modo piadoso de *dar* a esa persona.

A veces la acción más grande de amor podría ser un obsequio de perdón, o tal vez un consejo o admonición piadosa. Podría ser el regalo de una palabra de ánimo o un elogio sincero. Quizás sea un regalo que suple una necesidad específica de seguridad, consuelo, salud o provisión en la vida de otra persona. Un corazón afectuoso siempre mira hacia la expresión más elevada y más grandiosa del amor de Dios en una relación. Es un amor que se derrama incondicionalmente.

> **El amor siempre se expresa dando.** No todos los regalos se dan con amor, pero todo amor verdadero resulta en un flujo espontáneo de entrega: palabras, hechos, objetos, otras muestras de afecto.

UN CORAZÓN PACIENTE

Colosenses 3.12-13 nos dice que nos vistamos «de entrañable misericordia, de benignidad, de humildad, de mansedumbre, de paciencia; soportándoos unos a otros, y perdonándoos unos a otros». Tener paciencia significa ser paciente. En pureza y con un corazón afectuoso, debemos ser pacientes con la otra persona en una relación, dando tiempo a Dios para que obre en la vida de esa persona. Debemos estar dispuestos a soportar algunos tiempos difíciles, algunas críticas, incluso algunas épocas en que tal vez no podamos discernir con claridad lo que Dios está haciendo. Debemos estar dispuestos a esperar hasta que Dios diga: «Actúa ahora».

UN CORAZÓN PERDONADOR

Jesús dijo: «Perdonad y seréis perdonados» (Lucas 6.37). El apóstol Pablo escribió: «De la manera que Cristo os perdonó, así también hacedlo vosotros» (Colosenses 3.13). Perdonar significa que estamos dispuestos a renunciar al dolor que sentimos y entregarlo a Dios. Estamos dispuestos a poner todo daño e injusticia en las manos del Señor y confiar en que Él sana nuestros corazones y trata con aquellos que nos han herido.

Siempre debemos perdonar. No existe situación en la cual la falta de perdón se pueda justificar ante Dios. Perdonar no significa que neguemos nuestras heridas, que desestimemos nuestro sufrimiento o que dejemos de lado todo reclamo justo. Significa que debemos liberar a la persona de nuestro juicio, y que renunciamos a cualquier amargura o sentimientos de venganza.

Si la otra persona decide alejarse de la relación, usted no es responsable de esa decisión.

Si la otra persona decide dejar el empleo, usted no es responsable por esa decisión.

Si la otra persona decide seguir tratándolo con desprecio, crítica, condenación o conducta cruel, usted no es responsable por esa conducta.

Haga todo lo posible para vivir en paz con los demás: con un corazón puro, afectuoso, paciente y perdonador; y habrá hecho lo que Dios le exige. Entonces este fundamento lo preparará para enfrentar cualquier situación en la cual las relaciones dañadas amenazan con hacer que su bote naufrague.

A excepción del hombre que tiene problemas para perdonarse por algunas transgresiones pasadas, inevitablemente en cualquier conflicto hay al menos dos personas involucradas, y a menudo muchas más. Con esto en mente es importante recordar que la reconciliación, sin excepción, siempre es un asunto de decisión. O de otra manera, dar lo mejor de uno para vivir en paz con los demás siempre es una decisión. ¿Observó que dije *dar lo mejor de uno*? Eso significa que puede estar en paz si pone su mayor empeño.

LA RECONCILIACIÓN ES UNA DECISIÓN QUE TOMAMOS

Vivir en paz con otra persona es una decisión que usted hace

Con sus amistades.

En su relación con sus padres o hijos.

En su matrimonio.

En su vecindario.

En su lugar de trabajo.

En su iglesia.

Haga de la paz una decisión *prioritaria*. Valore la paz. Decida buscarla hasta que la halle.

Sin embargo, no espere que alguna relación sea pacífica todo el tiempo. Espere que surjan conflictos, pero entonces espere también que en la gran mayoría de los casos pueda encontrar una manera de obrar a través del conflicto.

Muchas veces una pareja se casa pensando que todo en su relación va a ser fabuloso. Creen esto porque interactúan bien mutuamente, porque su situación económica y social parece engranar bien. El espectro de promesas incumplidas y matrimonios destruidos en los Estados Unidos atestigua que esto no necesariamente es así. La experiencia nos dice que, a menos que esas dos personas lleguen a un punto en que aprendan cómo amarse mutuamente y vivir en paz verdadera, todo el dinero, la posición y las posesiones de este mundo no pueden producir un buen matrimonio.

Están camino al desastre quienes, estando en posiciones de autoridad en sus empresas u organizaciones, creen que su «liderazgo» les exige llevarse por delante a otras personas e intimidar a otros para que cumplan sus antojos. El comportamiento impío no puede producir verdaderas bendiciones. Ser un líder firme, responsable, diligente y fiel ¡sí! Pero ser cruel, desagradecido, poco dispuesto a escuchar, fomentador de enemistades y conflictos en un intento por motivar a la gente a un mejor rendimiento ¡no! La conducta impía siempre produce lucha, y la lucha siempre resulta en una disminución de la calidad, la productividad y la moral. Un líder piadoso busca crear un ambiente en el cual la gente pueda trabajar en paz hacia una meta común.

No caiga en la trampa de pensar que el conflicto es necesario para progresar, ya sea en una relación o en una organización.

Busque la paz.

Cómo tratar con conflictos importantes

¿Cómo tratamos con un conflicto importante cuando este surge?

DETERMINE EL VALOR DE LA RELACIÓN

Primero, si ha de vivir en paz con otra persona, tiene que decidir: «¿Es esta relación bastante valiosa para mí como para que quiera preservarla y esté dispuesto a comprometer algunas cosas para hacer que la relación funcione? ¿Es esta relación tan valiosa para mí que estoy dispuesto a hacer lo necesario para *aprender* a vivir en paz con esta persona o con este grupo de personas?

A veces su respuesta podría ser negativa. Quizás llegue a la conclusión de que el dolor involucrado en mantener esa amistad no es digno de su tiempo y energía. Si ese es el caso, entonces, hasta donde sea posible, aléjese en paz.

Hace poco oí de una mujer llamada Margo que se hizo amiga de otra llamada Carol. Después de varios meses de salir a comer e ir al cine con Carol casi todas las semanas, Margo comenzó a sentirse incómoda. Carol empezó a llamarla más y más, a depender más y más de su apoyo emocional, insistiendo en pasar más y más tiempo con ella. Hubo quienes informaron que Carol tenía fotos instantáneas de Margo por todo su departamento, y que le había dicho a una amiga mutua que no se podía imaginar la vida sin Margo a su lado.

Margo sabía que necesitaba alejarse de esa amistad. Intentó hablar con Carol acerca de lo que significaba ser amigas. Le sugirió que visitara un consejero cristiano para aprender a establecer una amistad adecuada. Carol se volvió muy defensiva y rechazó esa sugerencia. Entonces Margo le dijo que era necesario terminar con la relación, momento en el cual Carol se volvió casi violenta en su insistencia para que esta se mantuviera. Al final, Margo debió contratar un guardaespaldas debido a las amenazas de Carol y a su continuo asedio.

Esa es una situación extrema, pero señala la realidad de que no toda relación es sana, y no todas las amistades que parecen empezar siendo sanas se pueden mantener de modo saludable. Algunos individuos simplemente no saben *cómo* ser amigos, colegas de apoyo, empleados útiles o vecinos amables.

En la medida en que considere que una relación es valiosa o importante (y saludable y mutuamente satisfactoria), así será probablemente el grado al que estará dispuesto a hacer compromisos necesarios para mantener la relación. Determine cuánto *valora* una relación, y luego decida la medida en la cual la va a preservar.

Creo firmemente que dos personas que son salvas por la gracia de Dios, y en quienes mora el mismo Espíritu Santo, pueden encontrar verdadera paz en su relación si ambas valoran de veras conservar la relación.

EMPIECE A HABLAR Y MANTÉNGASE HABLANDO

Cuando dos personas hablan, y están dispuestas a seguir hablándose y *escuchándose* mutuamente, es más probable que lleguen a una determinación. ¡Un verdadero entendimiento rara vez se logra en un silencio sepulcral!

> **Las palabras *pero, si* y *cuando* ponen condiciones a una relación, y el verdadero amor es incondicional.**

No me diga que ama a otra persona pero que no está dispuesto a hablar con ella. No me diga que ama a alguien pero simplemente no puede ser receptivo y mostrar transparencia acerca de sus sentimientos, ideas o experiencias pasadas. No me diga que ama a otra persona pero no está dispuesto a tratar de llegar al meollo del asunto de un problema que existe entre ustedes. Cada vez que dice: «La amo, pero...» o «lo amo *cuando*...», usted simplemente ha dicho que en realidad no ama a esa persona ni valora esa relación. Las palabras *pero, si* y *cuando* ponen condiciones a una relación, y el verdadero amor es incondicional. El amor verdadero no limita la conversación, la transparencia o el examen propio personal. Está marcado por la entrega generosa y la disposición de cambiar, madurar y *compartir* la plenitud de la vida con otra persona.

Una relación se daña cuando alguien se pone poco comunicativo, eclipsa a otro con enredos emocionales y se niega de modo terco a analizar más un asunto. Hay muy poca esperanza de lograr la paz cada vez que se levanta un muro defensivo con la actitud preponderante «no quiero oír nada que tengas que decirme sobre este asunto». Hay dos jóvenes casados, amigos de un amigo mío, para quienes el matrimonio les está resultando algo difícil. Lo desalentador es que tanto él como ella no parecen listos para invertirse en salvar la relación. A ambos parece preocuparles sus propios intereses egoístas, y el resultado es el desencanto y la desilusión de los dos.

Por otra parte, si dos personas están dispuestas a hablar, a analizar, a ser receptivas y a escucharse mutuamente tienen una verdadera oportunidad de llegar a un acuerdo satisfactorio para ambas y resolver en paz sus diferencias. Eso no significa que uno de los dos habla y el otro solo escucha. Es necesario hablarse y escucharse.

Palabras como *mandato, exigencia, orden* o *insistencia* no tienen parte en una discusión. Tampoco amenazas, ya sean ocultas o claramente expresadas. Una actitud de «o yo o nadie» no produce paz.

Dos personas con diferencias deben aprender a buscar *comprensión,* lo cual es más que mera información. Deben llegar al centro de un desacuerdo, como motivos, deseos y necesidades que no se han expresado. Deben ser sinceras acerca de sus emociones y claras en establecer lo que les gustaría que fuera, o en qué les gustaría que se convirtiera, la naturaleza de la relación.

> **Dos personas con diferencias deben aprender a buscar *comprensión,* lo cual es más que mera información.**

MUESTRE TRANSPARENCIA

No puede tener una agenda oculta o un plan de trabajo manipulador en el fondo de su mente y esperar tener una relación pacífica. Tarde o temprano se percibirá su agenda y su manipulación, aunque no se reconozcan abiertamente, ¡y es probable que la reacción de la otra persona sea de alejamiento defensivo o de franca hostilidad!

Supe de un ejecutivo que trabajaba en Atlanta para una empresa extranjera que participó en una discusión sobre el contrato de arrendamiento que su firma tenía con el propietario del edificio. Ninguna de las dos partes cedía, y había gran cantidad de dinero en disputa.

El ejecutivo, un seguidor creciente de Jesús, hizo algo que admiré mucho. Se sentó frente al dueño y a su abogado, e hizo un cheque pagadero al propietario, solo que no escribió la cantidad de dinero. Tendió el cheque al dueño y dijo: «Creo que usted procederá con integridad. Confío en que llene el cheque con la cantidad que considere justa para los dos». Con eso, el propietario y su abogado terminaron las discusiones. Más tarde regresaron habiendo escrito en el cheque la cantidad de dinero que era aceptable para el ejecutivo.

La confianza de este hombre en Dios, y su determinación de vivir en paz con el propietario del edificio, le dieron éxito. Él ofreció transparencia y recibió paz al correr el riesgo de perder una gran cantidad de dinero.

¿Está dispuesto a admitir sus equivocaciones? ¿A confesar sus debilidades y culpas? ¿A reconocer el hecho de que podría haber malinterpretado a otra persona? ¿A admitir que pudo haber reaccionado en forma exagerada o actuado con ira reprimida?

¿Está dispuesto también a examinar sus actitudes profundamente afianzadas y sus hábitos de comportamiento, algunos de las cuales se originan en la infancia? No todo lo que adquirimos de niños nos es útil de adultos. Ninguno de nosotros tuvo padres perfectos y, por consiguiente, ninguno de nosotros tuvo infancias perfectas.

¿Ha separado lo que era útil, piadoso, sano y sabio de su infancia, y lo que no lo era? ¿Se ha responsabilizado de sus actitudes, opiniones, sentimientos y comportamientos como adulto? ¿Está dispuesto a admitir que algunas de las maneras en que se relaciona con otra persona podrían estar ligadas con algún «equipaje» sobrante que está acarreando de una amistad anterior, una relación romántica pasada, o incluso de sus primeros años? Tanto la transparencia interior como la exterior pueden ser beneficiosas al ayudarnos a relacionarnos cuidadosa y afectuosamente con los demás. El mejor modo de manejar problemas de comunicación originados por nuestras debilidades y fracasos es tratar de llegar a la raíz del problema.

LLEGUE AL FONDO DEL PROBLEMA

Al comunicarse francamente con otra persona, con la disposición de mostrar transparencia, esfuércese al máximo para llegar al problema subyacente que podría haber en su desacuerdo o diferencia. Pregúntese: «¿Cuál es el *verdadero* problema?»

¿Está el problema central relacionado con sensaciones de baja autoestima o incapacidad de valorar a los demás? ¿Está relacionado con el orgullo? ¿Está relacionado con la incapacidad de vencer de manera piadosa el rechazo o la soledad?

Hace poco hablé con una amiga que es psicóloga y también una mujer piadosa y sabia. Me habló un poco de su trabajo con una dama que acudió a ella para que la ayudara. Se había reunido muy regularmente con ella durante varios meses, pero solo hace poco esta se había sincerado.

—Mi esposo y yo no hemos compartido el mismo lecho en casi diez años —admitió la mujer.

—¿Por qué no? —preguntó mi amiga.

—Bueno —dijo—, mi esposo comenzó a llegar del trabajo a casa e inmediatamente explotaba de una forma iracunda. Utilizaba un vocabulario horrible y era en especial odioso con su jefe y sus colegas. Simplemente no podía soportar su ira y sus arranques emocionales. Me sentía paralizada media hora después de que él llegaba a casa.

—¿Estaban dirigidos hacia ti alguno de sus arrebatos? —inquirió mi amiga.

—No. Estaban dirigidos hacia otras personas, pero creaban un ambiente que yo odiaba. Él daba rienda suelta a todo su enojo, y luego actuaba como si nada estuviera mal. Me sentía tensa y alterada, algunas veces hasta el punto de que no podía cenar porque mi estómago se revolvía. Era como si vertiera en mí toda su ira y su frustración. Entonces se acostaba, y unas horas después quería ser cariñoso. Yo sencillamente no podía cambiar emocionalmente tan rápido. Aun estaba demasiado alterada como para poder responderle.

—¿Le preguntaste alguna vez *por qué* sentía tanta ira en el trabajo? *¿Por qué* se sentía con derecho a descargar todo ese enojo en tu presencia? —preguntó entonces la profesional.

Mi amiga continuó contándome que cuando le hizo esas preguntas esta mujer se quedó mirándola. Finalmente admitió que nunca se había atrevido a hacer esas dos preguntas. Ella no tenía ninguna idea de por qué este hombre tenía tal ira intensificada, o por qué pensaba que estaba bien dejar escapar su enojo todas las noches en la cocina. Durante diez interminables años no habían tratado el asunto central. Ahora estaban tan separados que sería un milagro de Dios si alguna vez se volvían a conectar.

Pregunté a mi amiga cuál creía que podría ser la causa principal de la ira de este hombre. Basándose en sus años de experiencia en situaciones similares, sospechaba que tal vez el padre de este individuo descargaba abiertamente su hostilidad y su enojo. Su hijo no solo había adquirido el mal hábito de dejar que la ira lo dominara, sino que también había desarrollado malas técnicas de comunicación. Cuando se sentía menospreciado, rechazado o confrontado en el trabajo, automáticamente guardaba esos sentimientos y permitía que se refugiaran en su interior en forma de enojo. Una vez en casa sentía que estaba «seguro» y en «su derecho» de explotar ante su familia.

Ahora, todos esos factores que ella citó son seguramente asuntos de fondo que se deberían tratar si este hombre tuviese salud emocional, si su esposa sanase de las heridas que él había infligido en su corazón y si su matrimonio pudiese ser restaurado. Pero él no es la única persona en esa relación.

—¿Y respecto de la mujer? —le pregunté a mi amiga psicóloga.

—Ah, ella también tiene algunos asuntos de fondo —contestó—. Ella debería ver por qué nunca le hizo esas preguntas a su esposo, y por qué en un período de siete u ocho años no le dijo: «Estoy harta de tus peroratas. ¡Basta!» Ella tendría que enfrentar por qué dejó que se asimilara en *ella* la ira de él, y por qué permitió que la pisoteara emocionalmente. Ella también deberá enfrentar el hecho de haber usado el cariño y el sexo como medios para vengarse y manipular el matrimonio. No estoy segura de que ella quiera enfrentar esos aspectos de sí misma.

—Pero acudió a ti en busca de ayuda —dije.

—Es verdad —me contestó—, pero eso no significa que buscara verdadera ayuda. Sospecho que pudo haber venido para validar su plan secreto de divorciarse, o quizás para que le diera alguna clase de justificación para sus actitudes y comportamientos. Sabré si en realidad quiere ayuda si empieza a hacer cambios en la manera en que *ella* se comunica y actúa.

La amiga me comentó que para que se salvara el matrimonio de estas dos personas, ambas con asuntos de fondo, las dos deberían trabajar en esos asuntos. Estuve de acuerdo. De mi experiencia como pastor puedo decir casi categóricamente que si alguien insiste en que el origen de cualquier desacuerdo reside por completo en la otra persona, en que es esta quien debe cambiar, o exige que el otro se responsabilice por el fracaso de la relación, hay poca esperanza de una solución pacífica. Si alguien se niega a tratar las raíces del problema, hay poca esperanza de paz.

Por otra parte, si dos personas están dispuestas a trabajar juntas para llegar a los asuntos de fondo que residen dentro de *ambos*, los cuales han producido la forma en que se comunican y se relacionan entre sí, hay grandes esperanzas de que la relación se reconcilie y se mantenga en paz.

EL PAPEL DEL CONSEJERO PIADOSO

La Biblia nos dice que se obtiene gran seguridad de consejeros piadosos (véase Proverbios 11.14). Si tanto usted como alguien con quien está en conflicto valoran su relación lo suficiente como para hacer cambios y desean de veras vivir en mutua paz, pero no saben cómo comunicarse, cómo ser francos en sincera transparencia, o cómo llegar al asunto central del desacuerdo, vayan y busquen un consejero piadoso. Permítame darle un énfasis especial a estas dos palabras: *sabio* y *piadoso*.

Un consejero sabio es aquel que basa su consejo en la Palabra de Dios. No hay mayor fuente de sabiduría que la Biblia.

Un consejero piadoso es aquel que de veras quiere lo mejor de Dios en su vida y en la relación de ustedes. Desea lo que Jesús anhela para la vida de ustedes. No solo le enfocará hacia la Palabra de Dios, sino también hacia la importancia de edificar cualquier relación sobre un amor mutuo por Jesucristo. Cuando Jesús es la tercera persona en una relación (ambas partes miran hacia Él como Salvador y buscan obedecerle como su Señor) hay verdadera esperanza de reconciliación y de establecer la paz.

Por otra parte, un consejero que trata solo con la sabiduría del mundo no les dará a ustedes la base firme que necesitan para una verdadera solución pacífica. El mal consejo puede destruir una relación. Acudan a alguien que les indique una y otra vez la Palabra de Dios, y que les anime a orar juntos y a buscar juntos la voluntad de Dios.

Muéstreme dos personas que oren, lean y hablen francamente de la Palabra de Dios juntas, y que estén dispuestas a comunicarse libremente de modo franco, sincero y transparente. Muéstreme dos personas que tengan cada una un profundo amor por el Señor Jesús.

Muéstreme dos personas que valoren de verdad su relación y deseen lo mejor de Dios para su vida mutua, y le mostraré dos personas que tienen una base firme para llegar a acuerdos y a vivir en un estado de paz duradera.

Esté dispuesto a obrar en la relación.

Esté dispuesto a admitir sus propias limitaciones, fallas y equivocaciones.

Esté dispuesto a hablar y a escuchar.

Esté dispuesto a cambiar sus patrones de pensamiento, sus respuestas emocionales habituales y su comportamiento.

CÓMO RESPONDER A QUIENES NOS LASTIMAN

El apóstol Pablo dio una clara amonestación del Señor acerca de cómo debemos responder a quienes nos dañan, nos rechazan o tienen de algún modo malas intenciones o malas motivaciones contra nosotros. Simplemente dijo: «No paguéis a nadie mal por mal» (Romanos 12.17).

No debemos vengarnos por nuestra propia mano. Aun en las circunstancias más difíciles, nunca debemos buscar venganza. Debemos dejar toda represalia al Señor. Él sabe lo que es justo, y cómo y cuándo acumular consecuencias sobre quienes le hacen mal a usted.

Esta misma semana leí una historia acerca de una joven excepcional. Ella caminaba por un sendero de los bosques de Georgia cuando un cazador le disparó por equivocación. Al ver a la mujer conmocionada y claramente agonizando, el joven hizo lo correcto de ahí en adelante. Le dio respiración artificial, detuvo la hemorragia y la llevó con rapidez a un hospital. Lo acusaron de asalto criminal. Ella, aún convaleciente en el hospital, declaró públicamente que no veía mala intención en él. Al contrario, pedía que no lo enjuiciaran, y le expresaba su gratitud por ayudarla a salvar la vida. Ella decidió confiar su bienestar a las manos de Dios. Se negó a tomar venganza y perdonó al hombre que casi le ocasionó la muerte.

¿Qué guía nos da Dios de cómo debemos tratar a nuestros enemigos? Somos llamados a confiar a Dios nuestros sentimientos de enojo y venganza. Pablo es muy específico:

Si tu enemigo tuviere hambre, dale de comer;
si tuviere sed, dale de beber (Romanos 12.20).

El Señor promete recompensar a quienes tratan bien a sus enemigos.

Lo que trae recompensa de Dios para *usted* es que haga el *bien* a quien le hace mal. No hay promesa de bien asociada con represalias, venganza o con «retribuir» a una persona que lo haya lastimado.

En tiempos bíblicos, dar alimento y agua a un enemigo hambriento y sediento era una señal de formidable hospitalidad. La gente sabía que si echaba de su tienda a un enemigo hambriento y sediento en el desierto, ese enemigo buscaría hacerle más daño. Por otra parte, mostrar la amabilidad básica al enemigo era un modo de calmar su enojo y quizás de parar sus malas acciones.

No hay promesa de bien asociada con represalias, venganza o con «retribuir» a una persona que lo haya lastimado.

Dar de comer al hambriento y dar de beber al sediento eran ejemplos de cómo satisfacer necesidades muy básicas. Nada hay en la Biblia que manifieste que debamos salir de nuestro camino para tener gestos extravagantes de generosidad con quien nos hace daño. No debemos obrar por el favor de nuestros enemigos, darles sobornos o mostrar favoritismos hacia ellos. Lo que Dios nos exige hacer es suplir sus necesidades humanas básicas, si esas necesidades se les presentan. Debemos ser educados con ellos, hablarles de modo amable y negarnos a criticarlos.

Jesús dijo esto acerca de nuestro trato hacia nuestros enemigos: «Amad a vuestros enemigos, bendecid a los que os maldicen, haced bien a los que os aborrecen y orad por los que os ultrajan y os persiguen» (Mateo 5.44).

¡Lo que era cierto acerca de enemigos y persecución en los tiempos bíblicos sigue siendo cierto hoy día! La única posibilidad de convertir a un enemigo en amigo es mostrarle amabilidad. Los enemigos no se vuelven amigos por la fuerza o por las acciones de venganza. Más bien se vuelven amigos cuando les expresamos el amor de Dios, les hacemos un bien, hablamos bien de ellos y oramos por ellos.

Si usted muestra amabilidad a un enemigo, Dios lo recompensará. Incluso si su enemigo continúa persiguiéndole y haciéndole daño, Dios encontrará un modo de bendecirlo a usted.

Asegúrese de que su amabilidad sea verdadera y no manipuladora. No juegue con otra persona. No use la amabilidad para conseguir lo que desea.

Cuando mostramos amabilidad a un enemigo, a menudo tomamos por sorpresa a ese sujeto que nos ha hecho daño. Él no espera nuestra amabilidad. *Espera* que actuemos como él lo haría: con ira, represalias y venganza. Cuando no actuamos de ese modo es mucho más probable que un enemigo sienta algún tipo de remordimiento, angustia o vergüenza por sus acciones. Esta respuesta, a la vez, abre a esa persona al poder convincente del Espíritu Santo. Al final nuestra acción amable da entrada a la obra del Espíritu Santo en la vida de la persona.

En agudo contraste, cuando nos vengamos de un enemigo nos ponemos en el mismo plan y en el mismo campo de él. No somos menos culpables de extender el mal. No estamos menos sujetos a las consecuencias de hacer el mal.

No todas las relaciones se pueden reconciliar

No toda relación se *puede* reconciliar.

Tal vez usted diga: «Doctor Stanley, eso parece como si usted creyera que los milagros no son posibles en toda situación».

Creo firmemente en los milagros. Pero también sé que algunas personas no *quieren* reconciliar relaciones, y mientras sostengan esa posición no se puede reconciliar una relación.

Sencillamente no es posible alcanzar una solución pacífica para las diferencias si una de las personas en la relación dice de plano: «Así son las cosas. Estoy fuera de esta relación. Olvide cualquier idea de reconciliación. Se acabó». Un individuo no puede hacer que una relación funcione. Tampoco puede obligar a la otra parte a reconciliarse o a estar en paz. Ni puede insistir en que la otra persona permanezca en la relación en que ha decidido no estar.

Un popular psicólogo cristiano dijo en una ocasión: «En cualquier relación dañada, una de las partes puede dar un círculo de 359 grados, pero si la otra parte se niega por cualquier razón a unirse al círculo dando un grado, entonces la relación rota no se puede sanar».

Sin embargo, ¿por qué no *querría* reconciliarse una persona? Existen varias razones. Parece que algunos individuos prefieren vivir con un elevado nivel de tensión, lucha o trauma. En muchos casos se han criado en ambientes tumultuosos, y esta es la única norma que conocen. Piensan que saben cómo tratar con un ambiente cargado de maldición y blasfemia, arrebatos ocasionales de violencia, codicia, celos o incluso de silencio sepulcral, y llegan a estar muy incómodos si hay demasiada paz o demasiado gozo.

También hay sujetos a los que les encanta amargarles la vida a los demás. Ven su habilidad de infligir dolor en otras personas como una forma de poder o control. Estos sujetos solo se sienten bien cuando quienes los rodean se están sintiendo mal. Les ofende todo aquel que siente verdadero gozo. Finalmente, estos individuos están enojados consigo mismos, pero casi nunca admiten ese enojo. Por otro lado, reñir es la única vida que han conocido. ¡La posibilidad de coexistir pacíficamente les es desconocida!

DESACUERDOS EN EL MATRIMONIO
Hace poco acudió a verme un hombre.

—Dr. Stanley, creo que mi esposa me va a dejar —me dijo—. Hace mucho tiempo que me amenaza con el divorcio. Le he preguntado qué desea que cambie en nuestro matrimonio, pero no me responde. Creo que el único cambio que desea es que no desea estar casada *conmigo*. ¿Qué puedo hacer para salvar mi matrimonio?

—Quizás no puedas salvar tu matrimonio si ella no desea seguir casada contigo —le contesté—, o si ella no puede identificar lo que piensa que está mal en el matrimonio.

—Lo único que me dice es: «Ya no me haces feliz» —replicó el hombre—. Eso me hace pensar que hay algo que solía hacer que la hacía feliz, y que ahora no hago. No me imagino qué puede ser, y cuando le pregunto, ella no tiene una respuesta.

No creo que *puedas* hacerla feliz —le dije.

El hombre se puso un poco a la defensiva.

—Pienso que sí puedo —expresó—. Si tan solo supiera qué hacer, lo haría.

—No es así —respondí—, no puedes hacerla feliz. Nadie, ni tú ni nadie más puede hacer feliz a otra persona. La felicidad verdadera, perdurable y satisfactoria es algo que solo se puede encontrar en la relación de alguien con Jesús. Tal vez puedas darle a tu esposa algunas cosas o hacer algo por ella que le traerá una sonrisa temporal al rostro, pero no puedes *hacer* que sienta felicidad.

—Pero, ¿y qué hay de los versículos bíblicos que dicen que somos responsables por otras personas? Por ejemplo, ¿no significa «sobrellevad las cargas los unos de los otros» que soy responsable de hacer feliz a mi esposa?

—Tu responsabilidad bíblica como esposo es amar a tu esposa y entregarte a ella, cuidarla y mantenerla como haces contigo mismo. Esto significa compartir todo con ella, fortalecerla y animarla. Cómo *recibe* ella lo que haces es asunto suyo. Puede recibir todo lo que haces por ella, lo que le dices, y apreciarlo, valorarlo y sentirse gozosa; o puede recibirlo con una sensación de que no es suficiente y de que nunca lo será. No puedes gobernar sus sentimientos cuando recibe lo que le das.

—Por lo tanto, ¿no debo preguntar a mi esposa qué puedo hacer por ella?

—Por supuesto que puedes preguntárselo—dije—. No estoy diciendo que no debes seguir entregándote a ella o amándola. Digo que no eres responsable de cómo recibe lo que le das. La felicidad es una decisión que ella deberá tomar. La paz en la relación entre ustedes es una decisión que ella deberá tomar. El agradecimiento en el corazón de ella hacia un esposo afectuoso, una buena familia y un hogar hermoso es algo que ella deberá *decidir* sentir y expresar.

El hombre se sentó por unos instantes, reflexionando sobre lo que le dije.

—Intentar hacerla feliz me ha parecido en realidad como una carga —dijo luego suspirando.

—Es una carga. No es algo que podamos soportar por mucho tiempo antes de desplomarnos por su peso. Déjame preguntarte, ¿cuándo fue la última vez que le preguntaste a tu esposa qué podías hacer para ayudarla o animarla?

—Anoche —contestó—. Ella solo me miró, encogió los hombros y salió para el otro cuarto dando un portazo.

—¿Cuándo fue la última vez que ella *te* preguntó lo que podía hacer para ayudarte o animarte?

El hombre me miró sin comprender.

—No recuerdo que alguna vez me haya hecho esa pregunta.

—¿Cuántos años han estado casados?

—Quince años.

—¿Y nunca te ha preguntado lo que podría hacer para ayudarte o animarte?

—No.

—¿Te hizo esa pregunta alguna vez cuando estaban conociéndose o de novios?

—No.

—Eso debió haber sido una clave —dije—. El amor se traduce en *dar*. Cuando amas de veras a alguien no te cansas de ofrecer.

Quieres dar. Deseas dar lo que la otra persona se deleita en recibir. El apóstol Pablo escribió: «El amor no busca lo suyo». En otras palabras, no exige para recibir. Busca dar (véase 1 Corintios 13.5).

Entonces le hablé a este hombre de una joven pareja que conocí hace muchos años. La que habría de ser la novia me habló de cuán emocionada estaba de casarse, y se refirió al novio como «el hombre de mis sueños». En algún momento siguió hablándome de dónde trabajaba él y cuánto dinero ganaba, dónde estaban planeando vivir e incluso de la clase de auto que él había prometido comprarle.

Dentro de mi cabeza sonaron algunas campanillas de advertencia.

—¿Qué estás planeando darle y hacer por él? Parece que será un esposo maravilloso. ¿Cómo vas a corresponderle?

Ella me miró, mostrando un gran interrogante en el rostro.

—¿Quiere usted decir —dijo finalmente— cocinar o algo así?

Tuve que sonreír.

—Bueno, ese es un inicio —manifesté—. El amor se trata de *dar*. En lugar de preguntarte: «¿Qué puedo lograr que mi futuro esposo me dé y haga por mí?», debes preguntarte: «¿Qué deseo darle y qué deseo hacer por él?» Un matrimonio es bueno cuando tanto la esposa como el esposo se dan mutuamente con generosidad. El verdadero amor significa que ni siquiera parece que uno da demasiado. No se trata de obtener sino de dar desinteresadamente.

La joven salió de esa conversación con los hombros caídos. Sentí como si yo acabara de reventar una burbuja de felicidad, pero sabía que había dicho lo que el Señor me había inducido a decir.

Algunos meses después oí que se había roto el compromiso y cancelado la boda. Pregunté a un amigo de la pareja qué había ocurrido.

—Creo que es un caso de *él no puede dar suficiente* y *ella no puede obtener suficiente* —dijo simplemente este amigo, y continuó—. Lo asombroso es que ella lo sabía. Sabía que no lo amaba lo suficiente como para dar a cambio. Ella fue quien finalmente rompió el compromiso.

> Un matrimonio es bueno cuando tanto la esposa como el esposo se dan mutuamente con generosidad. El verdadero amor significa que ni siquiera parece que uno da demasiado. No se trata de obtener sino de dar desinteresadamente.

Me alegró que la joven rompiera el compromiso. Ella no amaba al joven con amor dador y sustentador.

Casi dos años después vi de nuevo a esta joven.

—Dr. Stanley, ¡le tengo una buena noticia! —dijo—. Me acabo de casar con un hombre hace dos meses y estamos muy enamorados. Encontré un hombre a quien yo *quería* darle. No puedo obtener suficiente de él: su presencia, su afecto; pero tampoco puedo darle suficiente. Me encanta pensar en nuevas maneras de ayudarle y de darle; y mientras más hago, más crece mi amor por él. Gracias por lo que me dijo. Evitó que cometiera una enorme equivocación.

Después de contarle esta historia al hombre que había acudido a mí en busca de consejo, él asintió.

—Eso es muy razonable —expresó—. El amor se trata de dar. Quiero dar a mi esposa. Creo que pensé que mientras *más* daba, ella me amaría.

—No puedes hacer que otra persona te ame —dije—. No puedes hacer que esté contigo si lo que en realidad quiere es irse.

—¿Debería dejarla ir?

—No —dije—. Vale la pena luchar por tu matrimonio. Intenta hablar con ella acerca de ir a ver a un buen consejero. Trata de comunicarte con ella. Pero al final, si ella está decidida a irse, tú debes *darle* la libertad de hacerlo. Quizás debas amarla lo suficiente como para dejar que se vaya.

¿Cuánto debería usted comprometerse?

¿Cuánto debemos comprometernos para alcanzar la paz? La Biblia da una respuesta clara. Debemos comprometernos según la fortaleza, la gracia, la bondad y el amor que Dios nos da, hasta el punto en que comprometerse no signifique violar un principio o mandato bíblico.

No debe comprometerse si su compromiso significa ceder ante el mal, violar un mandamiento relacionado con la moral, rechazar o rebelarse contra un principio relacionado con relaciones piadosas, alejarse de la Biblia y de la verdad de Dios, o negarse a seguir a Jesús como su Señor. Usted no debe violar la Palabra de Dios.

¿Perdonar a alguien setenta veces siete? Sí.

¿Correr la segunda, tercera o incluso la milésima milla? Sí.

¿Desobedecer la Palabra de Dios, es decir, cualquiera de sus mandamientos o principios básicos? No.

Jesús pudo haber conseguido paz al comprometerse con los líderes religiosos de su época, pero al hacerlo habría violado los principios del amor, el perdón y la gracia de Dios extendida a todo aquel que creyera en su nombre y fuera salvo. Jesús no se comprometió con la paz a cualquier precio, ni nos llamó a buscar esa clase de paz.

El apóstol Pablo también pudo haber conseguido paz con los líderes religiosos de su tiempo y con el imperio romano. Lo único que debía hacer era declarar que Jesús solo fue un buen maestro, y que la salvación era posible por otros medios diferentes a la muerte de Jesús en la cruz. Sin embargo, si lo hacía habría violado la verdad de Dios. Pablo no escogió comprometerse con la paz a cualquier precio. Al contrario, estuvo dispuesto a sufrir persecuciones, burlas, destierro y a veces lesiones físicas por negarse a comprometer la Palabra de Dios.

> Jesús no se comprometió con la paz a cualquier precio, ni nos llamó a buscar esa clase de paz.

Usted tampoco debe comprometer lo que crea que es un llamado directo, específico y claro de Dios en su vida. Si abierta e intencionalmente se rebela contra el claro llamado del Señor para usted, descubrirá que Dios le dejará experimentar todas las consecuencias de su rebelión, y retirará la mano de su vida.

Usted tampoco debe comprometer la verdad de la Palabra de Dios.

Parece ser que vivimos en una época en que las personas odian la idea de la verdad absoluta. Creen en la verdad relativa, diciendo que ciertas cosas son «ciertas para *mí*» pero no necesariamente ciertas para todo el mundo. Odian la Palabra de Dios porque ella proclama mandamientos y verdades que se aplican a todas las personas, de toda cultura y nacionalidad, de todas las razas, de todas las edades y por todas las generaciones desde el principio del tiempo.

Hace poco vi por televisión parte de una conversación entre el presentador de un programa de entrevistas y una adolescente. El presentador le preguntó: «¿Crees que el sexo antes del matrimonio es bueno o malo?» Ella contestó: «Bueno, para *mí* no es bueno, pero otros pueden hacer lo que quieran. Quizás para *ellos* sea bueno». Oigo que adolescentes, y no tan adolescentes, expresan esa opinión una y otra vez, no solo acerca del sexo antes del matrimonio sino acerca de toda clase de comportamientos que la Biblia llama pecado.

Cuando se trata de la Palabra de Dios, los que creen en la verdad relativa, al compararla con la verdad absoluta, tienden a decir: «Bueno, eso es lo que *usted* cree. Esa es *su* interpretación».

Le aseguro esto: Si se niega a comprometer las convicciones en las que cree profundamente, el llamado de Dios en su vida y la verdad de la Palabra de Dios, entonces el Señor estará con usted. Además, Él convertirá cualquier persecución que experimente en su beneficio eterno. Ocasionará en usted un crecimiento espiritual, una mayor fe y un poder imperecedero más fuerte. Lo recompensará en la Tierra o en el cielo por su actitud. ¡También le otorgará su paz!

DOCE

CÓMO VENCER EL TEMOR

Muchas personas creen que lo opuesto al temor es la esperanza, el valor o la fortaleza. En realidad lo opuesto al temor es la *fe*. Cuando el temor paraliza, no solo apaga la paz de alguien, sino que ataca la base de esa paz, concretamente nuestra fe. La paz sale por la ventana cuando se presenta el temor. En muchas encuestas hechas desde el ataque terrorista del 11 de septiembre la evidencia muestra que grandes segmentos de nuestra población viven con temor: a los viajes, a la fatalidad inminente, a los extranjeros, etc. La otra cara de la moneda es, por supuesto, que la mayoría de esta gente temerosa no experimenta paz: la tranquilidad del alma, la eliminación de las ansiedades y la serenidad necesaria para llevar a cabo los asuntos normales de manera segura y libre de miedo.

Gran parte del temor está originado en la duda de si Dios estará presente, de si dará justicia o ayuda, o de si podrá tratar con la crisis. La fe expresa: «Dios está en esto. Así es, Él proveerá. Sí, ¡Dios es capaz de todo!»

En realidad lo opuesto al temor es la *fe*.

Gran parte del temor se arraiga en las amenazas: unas veces por palabras inquietantes y otras por una conducta amenazadora. La fe dice: «No me traumatizarán las amenazas. Actuaré con sabiduría, no con temor. Creo que Dios impedirá que me pase cualquier cosa que provenga de las amenazas. Y si estas llegaran a ocurrir, creo que Él me ayudará a tratar con cualquier cosa que llegue».

Saúl, el rey de Israel, se puso furioso cuando comprendió que debido a su arrogancia y desobediencia Dios había retirado de él su unción y su bendición y las había puesto sobre el joven David. Saúl comenzó una campaña para encontrar a David y matarlo, para quitar así esta amenaza de su vida. Por otra parte, David se sintió amenazado por el ejército de Saúl y en varias ocasiones temió por su vida, pero la Biblia nos dice que David fue fortalecido por las promesas de que Dios lo protegería y de que un día lo haría rey de Israel.

En nuestro mundo moderno leemos a menudo de personas que, a pesar de estar intimidadas por enfermedades, accidentes o peligros siguen adelante hacia lo incierto: el rechazo, la derrota y, algunas veces, la victoria. Me vienen a la mente exploradores polares, atletas olímpicos, misioneros, empresas capitalistas y filántropos. Por lo tanto, las amenazas no deben frustrarnos ni paralizarnos.

Hace algunos años me sentí amenazado por la posible reacción violenta que podría ocurrir cuando anuncié que mi esposa quería divorciarse. Que el matrimonio del pastor esté en problemas equivale en muchas iglesias a ser identificado como una falla moral. En mi interior tenía gran preocupación cuando se supo la noticia.

Cuando hablé con la junta de la iglesia, los miembros respondieron diciendo: «Has estado aquí con nosotros durante épocas difíciles. Ahora vamos a estar aquí contigo durante esta época difícil. Has estado aquí con nosotros cuando te necesitábamos, ahora vamos a estar aquí contigo porque nos necesitas».

Me sentí muy animado cuando varios miembros de la junta me dijeron que sabían la clase de hombre que yo era. Conocían mi carácter y mi devoción al Señor. Sabían que vivía lo que predicaba con lo mejor de mi capacidad. Estarían conmigo a pesar de lo que finalmente sucedió.

Nuestro desafío en momentos de amenaza es no enfocarnos en lo que *podría* convertirse en una realidad, ¡sino más bien en lo que podemos dar por sentado que es cierto!

Muchos individuos viven hoy día bajo la nube oscura de la amenaza. Algunos experimentan la amenaza de la enfermedad, otros enfrentan las amenazas de heridas o daños a sus hijos, y algunos oyen amenazas relacionadas con la pérdida de sus empleos.

La respuesta a todas esas formas de amenazas es la *fe* en lo que *sabemos* que es cierto acerca de Dios y de su amor por nosotros, su preocupación por nosotros y su capacidad de suplir todo lo que necesitamos... especialmente su paz, la cual puede ayudarnos a pasar por cualquier situación.

LA NATURALEZA DE NUESTROS TEMORES

Una vez, cuando tenía aproximadamente quince años, me fui solo a un riachuelo. Allá había una enorme roca desde la cual nos zambullíamos, y ese día, por alguna razón, decidí tirarme de cabeza en el agua. Me zambullí y entré en el agua en perfecto equilibrio, y entonces me pareció que no podía desequilibrarme. La corriente me mantenía en posición vertical, con la cabeza en el fondo del riachuelo, sin importar hacia donde me moviera. Me entró pánico al pensar: *¡Me voy a ahogar!* De algún modo tuve el sentido común para empujar hacia arriba, dar una voltereta y, tan rápido como pude, sacar la cabeza del agua para poder respirar.

Ese tipo de miedo es normal, natural e instintivo, asociado con la sobrevivencia física.

Identifique sus temores. ¿Qué es lo que más teme? ¿La muerte, la soledad, la vejez?

¿Teme ser rechazado, criticado o perder a un ser querido?

¿Teme a la mala salud o quizás a la posibilidad de desarrollar una enfermedad particular?

¿Teme una tragedia en la que participe un hijo suyo o su cónyuge?

A veces el temor puede acechar nuestro corazón en una forma tan sutil que ni siquiera identificamos el sentimiento que tenemos como temor. Este se puede presentar como una sensación de aprensión, cierta intranquilidad o un sentimiento de pavor.

Veamos varios de los temores más comunes e importantes que todos enfrentamos.

TEMOR A LAS CONSECUENCIAS DEL PECADO

El miedo es una reacción normal y universal a nuestro *conocimiento* de haber pecado y estar separados de Dios. Esta clase de temor es la primera emoción que encontramos en la Biblia. En Génesis 3 leemos que Adán y Eva oyeron que Dios caminaba por el jardín y se escondieron de su presencia. El Señor los llamó y Adán replicó: «Oí tu voz en el jardín, y tuve miedo, porque estaba desnudo; y me escondí» (versículo 10).

Reconocer nuestro pecado siempre nos hace sentir expuestos y vulnerables al juicio de Dios. Hay un temor a ser descubiertos y castigados.

> El miedo es una reacción normal y universal a nuestro *conocimiento* de haber pecado y estar separados de Dios.

En realidad Dios puso la emoción del temor en nuestra naturaleza humana para que pudiéramos huir del peligro. Su intención era que Adán y Eva huyeran de la presencia de Satanás, la serpiente que llegó a tentarlos en el jardín del edén. Esa es la función y el justo propósito del miedo: hacer que nos alejemos de las tentaciones del diablo cada vez que lleguen.

TEMOR DEL PELIGRO Y EL PERJUICIO

Desde la caída de la humanidad en el jardín del edén, el temor no solo es la emoción que un individuo siente en la presencia de Satanás, sino también la primera emoción que siente en la presencia de cualquier cosa asociada con la muerte, la destrucción o el peligro. Es la primera emoción que debemos sentir en la presencia de cualquier clase de mal, venga de donde viniere. En nuestro temor debemos tomar precauciones o adoptar una posición defensiva en previsión de un asalto o, de ser posible, huir de la escena. Esto se conoce comúnmente como la reacción «pelea o huye».

Por consiguiente, tenemos una cantidad de temores naturales y normales, como el miedo a caernos, el temor que sentimos al ponernos en contacto con una estufa prendida o el temor a atravesar una concurrida avenida en horas pico. Estos temores nos ayudan a protegernos y a preservar la vida. Nos alejan del peligro y el dolor y nos ayudan a evitar heridas, no solo físicas sino también emocionales y espirituales.

He tenido un miedo muy sano a las serpientes. Lo tengo desde que tenía poco más de veinte años. Un día me encontraba caminando con un miembro de la iglesia que pastoreaba, quien dijo de repente: «Detente. No des un paso más». Era temprano en la mañana, y las sombras aún atravesaban el sendero por el que caminábamos. Miré hacia delante y vi entre la semioscuridad lo que él ya había visto: una serpiente de cascabel enroscada como si se dispusiera a atacar.

Me quedé parado absolutamente quieto, demasiado asustado para tan siquiera pestañear o contestar algo, hasta que la serpiente se desenroscó y se deslizó al lado del camino.

¿Fue una reacción normal? Sí, lo fue. ¿Ha contribuido ese temor a las serpientes a que hoy día yo siga vivo? Es muy probable. Al haber pasado mucho tiempo en regiones desérticas, sin duda mi temor a las serpientes me ha evitado problemas en muchas ocasiones. ¡Les doy a las serpientes todas las oportunidades de salir de mi camino!

Los temores normales y positivos no están solamente relacionados con fenómenos o criaturas naturales. También se relacionan con las actitudes humanas interiores. Por ejemplo, debería ser normal para alguien tener miedo a consumir una droga alucinógena, hasta el punto en que se niegue a experimentarla. Debería ser normal para un joven el miedo a tener sexo fuera del matrimonio, no solo por el peligro de embarazo no deseado o de contraer una enfermedad transmitida sexualmente, sino también debido al peligro emocional de sentirse rechazado, solo, avergonzado o culpable por desobedecer los mandamientos de Dios. Lo normal para cualquier persona debería ser tener miedo a subir a un auto conducido por alguien que ha bebido alcohol. Debería ser la norma para una persona temer las consecuencias que podrían llegar de cometer un crimen. El temor puede ser un agente de protección para nuestras vidas físicas *y* para el bienestar de nuestras almas.

Sin embargo, no fue la intención de Dios que tuviéramos miedo de Él o de nuestro futuro en Él. Cuando leemos en la Biblia acerca del *temor* del Señor, el término *temor* en realidad se refiere a gran reverencia, honra o asombro. Es un asombro arraigado en nuestra conciencia de que Dios gobierna todas las cosas y de que es absolutamente justo en todos sus juicios. Una asombrosa conciencia y reverencia de la gloria del Señor produce humildad y obediencia.

Dios tampoco quiso que viviéramos con un temor que nos impida buscar una relación más profunda con Él, y que nos impida tener una vida cotidiana normal o cumplir las responsabilidades que tenemos con los demás. El apóstol Pablo escribió a Timoteo, su colaborador en el ministerio: «No nos ha dado Dios espíritu de cobardía, sino de poder, de amor y de dominio propio» (2 Timoteo 1.7).

Cualquier temor que le impida ser testigo del evangelio lo convierte en un cobarde o débil ante otras personas. Cualquier temor que le impida alcanzar en amor a los necesitados, o que le impida comportarse de un modo racional *no* es un temor normal que Dios quiere que usted tenga.

TEMOR DEL MAL

Los peligros espirituales son tan verdaderos como los físicos. Es *bueno* para cualquier persona tener miedo en situaciones malignas.

Hace muchos años un grupo de dieciocho personas de mi iglesia en Ohio estuvimos dos semanas en Haití para hacer una obra misionera. Estando allí vimos a un hombre que danzaba. Mientras danzaba y hacía girar su machete en dirección a nosotros, de repente sentí que nos rodeaba una horrible presencia maligna. Al instante me llené de temor por mi seguridad física y la de quienes estaban conmigo. Mi reacción inmediata a este miedo fue enojo, y además de ese enojo comencé a orar e interceder por nuestra seguridad.

Este miedo se originaba en el reino *espiritual*. Era un temor que he llegado a reconocer como el que cualquier cristiano *debería* sentir al estar frente al mal.

¿Por qué digo que es bueno sentir miedo del mal? Porque ese temor puede llevarnos a orar, a confiar en que Dios nos libera del poder del diablo, ¡y a alejarnos del mal en cuanto sea posible!

TEMOR DE DESOBEDECER A DIOS

También es bueno tener temor de desobedecer a Dios. ¡Ese miedo puede, y *debería,* forzar a una persona a obedecer!

Una de las épocas en que estuve más asustado en mi vida fue cuando me eligieron por primera vez presidente de la Convención Bautista del Sur. Me sentía incapaz, y en realidad no quería ese cargo. Ese era un tiempo de mucha división y de dolores de cabeza entre los quince millones de bautistas del sur, y aunque algunos de los líderes de la convención querían que me postulara para el cargo, le dije a Dios y a estos hombres y mujeres que no lo deseaba.

La noche anterior a las nominaciones me encontraba en una reunión con un grupo de predicadores y una misionera. Esta mujer me dijo valientemente: «Charles Stanley, ponte de rodillas y arrepiéntete. Tú eres la alternativa de Dios para ser presidente. ¡Ponte de rodillas y arrepiéntete!» ¡Al instante caí de rodillas! Oré, pero aún había resistencia en mi corazón.

Una y otra vez le dije a Dios que había hombres mucho más capacitados para el trabajo. Le dije que había individuos mejor equipados en temperamento para el cargo. Le recordé al Señor cuánta animosidad sentían contra mí otras personas de la denominación. Le pedí que llamara a alguien más.

La mañana de las nominaciones desperté con una firme decisión en el corazón de no permitir que mi nombre se nominara para la presidencia. Cuando me preparaba para salir del cuarto del hotel extendí la mano para tomar la perilla de la puerta y Dios habló a mi corazón: *No pongas la mano en esa perilla hasta que estés dispuesto a hacer lo que te digo que hagas.* Caí de rodillas al filo de la cama, sollozando. Estaba seguro de que debía hacerlo o me pondría en desobediencia. Una vez más le dije al Señor que en realidad no quería aceptar la nominación, pero al mismo tiempo sentía la seguridad de que debía aceptarla. Recuerdo haber pensado: *Tal vez el Señor solo quiere humillarme, y ese será el fin del asunto.*

Fui al lugar en que una gran cantidad de pastores y otros líderes de la iglesia tenían una reunión de oración. Le dije a un amigo mío: «Creo que *tú* deberías hacer esto». Él dijo: «No voy a hacerlo». El Señor habló a mi corazón: *Diles,* y me oí diciendo: «Lo haré». De inmediato me sobrevino un miedo abrumador. Me sentí como si fuera a caer de la cima de una montaña y me fuera a estrellar en las rocas del fondo. Otras personas en el salón, sin embargo, empezaron a orar con gran regocijo. Finalmente concluí: «Está bien Señor, estoy haciendo lo que creo que me has dicho que haga». Al llegar a esa conclusión y esa afirmación se fue el miedo.

Después del escrutinio, me asombró que ganara la elección.

Apenas fui elegido un grupo de hombres se dedicó a destruir mi reputación y a impedir que fuera un líder eficaz. Eso no me molestó ni me asustó. Una vez decidido el asunto, se aclaró para mí. Puse todo mi esfuerzo en ser el mejor presidente que sabía ser, con la guía y la fortaleza de Dios.

De esa experiencia aprendí que la fe en el Señor *siempre* es más poderosa que el miedo. También aprendí que una confianza continua en Dios puede evitar que el temor se convierta en una emoción que ordene y domine.

¿TEMORES VERDADEROS O IMAGINARIOS?

Los temores que acabo de describir son normales, y de muchas maneras útiles. Son *reales*.

Sin embargo, los temores imaginarios no son reales. Residen solo en nuestra imaginación o nuestra mente. Si persisten o crecen pueden hacer que en una persona se desarrolle un *espíritu de miedo*.

Un espíritu de miedo esclaviza la mente y el corazón de un individuo. Quien tiene un espíritu de miedo, el cual puede abarcar desde una fobia grave hasta un terror paralizante que le impide actuar normalmente al relacionarse con otras personas, es alguien que se convierte en *esclavo* del miedo. Tal individuo no va a ciertos lugares, no se compromete en ciertas actividades o no habla en ciertas situaciones porque teme grandes pérdidas, heridas, persecución o castigo.

La primera meta que muchos de nosotros tenemos cuando tratamos con el miedo es determinar si el temor que sentimos es legítimo o imaginario.

Los investigadores que han estudiado el temor han llegado a la conclusión de que prácticamente no hay diferencia en nuestra reacción psicológica ante estas dos clases de miedo. La reacción psicológica de quien entra en contacto con un oso vivo es casi idéntica a la de alguien que ve débilmente en las sombras a un sujeto vestido de tal manera que parece un oso.

Lo mismo se aplica a los temores originados en nuestras emociones. Los miedos relacionados con nuestros sentimientos de valía personal o autoestima son especialmente perjudiciales. Por ejemplo, el individuo que teme el rechazo tiende a reaccionar ante otras personas a partir de ese miedo, sea o no justificado. Los resultados o consecuencias son iguales, ¡sea legítima o no la evaluación!

Algunos temores imaginarios vienen de malas enseñanzas. A menudo se desarrollan temores acerca de si alguien irá al cielo, porque se ha enseñado de modo incorrecto a las personas sobre el poder de Dios para perdonar, o sobre el regalo divino de la vida eterna. Los miedos acerca de Dios ocurren cuando se enseñan asuntos erróneos de la verdadera naturaleza del Señor.

Otros temores imaginarios surgen debido a prejuicios o mala influencia de nuestros padres cuando éramos pequeños.

Así como la ansiedad, el temor esclavizante, agobiante y paralizador:

- Nubla la mente, sofoca el pensamiento y apaga la creatividad.

- Causa tensión en el cuerpo, lo cual lleva a parálisis emocional temporal o a fallas al actuar.

- Debilita nuestra confianza y nuestra audacia, especialmente para declarar las bondades de Dios o las buenas nuevas acerca de Jesucristo como Salvador.

- Nos impide orar, especialmente con audacia y con fe.

- Nos impide alcanzar todo el potencial que el Señor tiene para nosotros en cada aspecto de nuestra vida.

Una sombra que nos restringe o nos limita no *concuerda* con quienes debemos ser como hijos e hijas del Dios todopoderoso.

Estas son las preguntas clave que debemos hacer para determinar si un temor es normal, verdadero y útil o debilitador, esclavizante y paralizador: «¿Qué dice Dios acerca de este miedo? ¿Dice que esto es algo a lo que debo temer? ¿Dice que Él es suficiente en todas las maneras para suplir mis necesidades, de tal modo que no debo temer este asunto, esta relación, esta acción, esta responsabilidad, esta posibilidad o esta situación?

Siete pasos para vencer el miedo

Existen varios pasos que podemos dar para vencer el temor.

1. Reconozca el temor que experimenta

Es provechoso reconocer que se tiene miedo. Pida a Dios que le ayude a identificar el temor: identifíquelo, defínalo y sáquelo a la superficie de su conciencia para que pueda hablar de Él y confesarle al Señor la presencia de este temor.

No niegue que siente miedo. No piense que es muy *maduro* para estar asustado. Nunca llegamos a ser tan maduros espiritualmente como para no sentir miedo, trátese del temor normal que ayuda a preservar y proteger o de los ataques espirituales de miedo. El temor puede atraparnos a cualquiera de nosotros.

David, quien había experimentado en muchas ocasiones el poder de Dios en la protección y preservación de su vida, no obstante escribió:

> Mi corazón está dolorido dentro de mí,
> y terrores de muerte sobre mí han caído.
> Temor y temblor vinieron sobre mí,
> y terror me ha cubierto.
> Y dije: ¡Quién me diese alas como de paloma!
> Volaría yo, y descansaría.
> Ciertamente huiría lejos;
> moraría en el desierto (Salmo 55.4-7).

No acepte sencillamente un temor en su vida como algo inofensivo. La verdad es que el miedo le impide ir a algunos lugares a los que

---

Nunca llegamos a ser tan maduros espiritualmente como para no sentir miedo, trátese del temor normal que ayuda a preservar y proteger o de los ataques espirituales de miedo. El temor puede atraparnos a cualquiera de nosotros.

Dios desea que vaya. Le puede impedir hacer algunas cosas que el Señor desearía que hiciera.

Reconozca su miedo. Enfréntelo.

2. PIDA INMEDIATAMENTE LA AYUDA DE DIOS

Vaya de inmediato ante su Padre celestial para que le ayude a conquistar su temor. Pida al Señor que limpie su mente de pensamientos de miedo. Pídale que evite que el temor atrape su mente. Pídale que lo prepare para contrarrestar el miedo de modo firme y positivo.

El salmista escribió:

Busqué a Jehová, y Él me oyó,
y me libró de todos mis temores (Salmo 34.4).

3. DETERMINE EL ORIGEN DEL MIEDO

Pida a Dios que le ayude a identificar cualquier emoción que pueda estar ligada al temor, como:

Avaricia —temor de no tener suficiente—.
Rechazo —miedo de no ser aceptado—.
Culpabilidad —temor de ser descubierto—.
Falta de confianza —miedo de fracasar—.
Enojo —temor de no entender su propósito, de perder el control
      o la estima—.

Envidia —miedo de no tener lo que cree que le pertenece
    legítimamente—.

Indecisión —temor a la crítica y a tomar malas decisiones—.

Hace poco oí hablar de una mujer a la que le asustaba mucho salir
después de oscurecer, aun cuando vive en lo que muchos consideran
un vecindario muy seguro. Temía hasta ir hasta su auto estacionado
fuera o hasta el jardín para apagar los aspersores.

Un pastor que conozco le preguntó a la mujer a qué le atribuía ese
temor. Ella no lo sabía. Dijo que siempre le había asustado la oscuridad. En este punto me identifico perfectamente. Cuando yo era niño
le tenía mucho pánico a quedarme solo en la oscuridad.

—Sin embargo —intentó aun más el pastor— ¿por qué crees
que te asusta la oscuridad?

—Imagino que debido a que pienso que me podría sobrevenir
algo malo en la oscuridad y no lo vería a tiempo para protegerme.

—¿Crees que eres totalmente responsable de protegerte en la oscuridad? —preguntó el pastor.

—En realidad nunca he pensado en eso —contestó la mujer.

—¿Crees que es posible que Dios desee protegerte, como su
hija, cuando estás sola en la oscuridad? —inquirió de nuevo el pastor.

—Bueno, sí —dijo ella, y una lágrima comenzó a rodar por su
mejilla.

El pastor luego contó: «Esta mujer se dio cuenta de que tras el
miedo obvio había un temor de que quizás Dios no estuviera siempre

---

Su capacidad de ver a Dios presente con usted, a solo centímetros y caminando a su lado paso a paso, podría muy bien ser la
clave para que camine en fe, no en temor.

---

allí para ella. Buscamos una docena de pasajes en la Biblia que nos aseguran la constante presencia de Dios con quienes hemos aceptado a Jesús como nuestro Salvador.

Ella finalmente me dijo: "¡No me asusta la oscuridad! ¡Mi temor es que Dios sea negligente! Tengo que comenzar a ver a Dios de pie a mi lado *todo* el tiempo, y especialmente en la oscuridad"».

La verdad es que *el Señor siempre está a su lado*.

Su capacidad de ver a Dios presente con usted, a solo centímetros, y caminando a su lado paso a paso, podría muy bien ser la clave para que camine en fe, no en temor.

4. Vaya a la palabra de Dios

La Biblia tiene docenas de versículos sobre esto que acabamos de hablar. Me gusta especialmente Isaías 41.9-13 como un pasaje bíblico que confronta el miedo:

> Te tomé de los confines de la tierra, y de tierras lejanas te llamé, y te dije: Mi siervo eres tú; te escogí, y no te deseché. No temas, porque yo estoy contigo; no desmayes, porque yo soy tu Dios que te esfuerzo; siempre te ayudaré, siempre te sustentaré con la diestra de mi justicia. He aquí que todos los que se enojan contra ti serán avergonzados y confundidos; serán como nada y perecerán los que contienden contigo. Buscarás a los que tienen contienda contigo, y no los hallarás; serán como nada, y como cosa que no es, aquellos que te hacen la guerra. Porque yo Jehová soy tu Dios, quien te sostiene de tu mano derecha, y te dice: No temas, yo te ayudo.

Lea todo ese capítulo en voz alta, es más, léalo una y otra vez si es necesario. Deje que las palabras se profundicen en su espíritu.

Lea y aprenda de memoria versículos que tratan con el miedo. El salmo 56 es maravilloso para quienes temen que sus críticos o enemigos destruyan su trabajo, reputación, influencia o propiedad.

Ten misericordia de mí, oh Dios, porque me devoraría
   el hombre;
me oprime combatiéndome cada día.
Todo el día mis enemigos me pisotean;
porque muchos son los que pelean contra mí con soberbia.
En el día que temo,
yo en ti confío.
En Dios alabaré su palabra;
en Dios he confiado; no temeré;
¿qué puede hacerme el hombre?
Todos los días ellos pervierten mi causa;
contra mí son todos sus pensamientos para mal.
Se reúnen, se esconden,
miran atentamente mis pasos,
como quienes acechan a mi alma.
Pésalos según su iniquidad, oh Dios,
y derriba en tu furor a los pueblos.
Mis huidas tú has contado;
pon mis lágrimas en tu redoma;
¿no están ellas en tu libro?
Serán luego vueltos atrás mis enemigos,
   el día en que yo clamare;
esto sé, que Dios está por mí.
En Dios alabaré su palabra;
en Jehová su palabra alabaré.
En Dios he confiado; no temeré;
¿qué puede hacerme el hombre?
Sobre mí, oh Dios, están tus votos;
te tributaré alabanzas.
Porque has librado mi alma de la muerte,
y mis pies de caída,
para que ande delante de Dios
en la luz de los que viven.

El salmo 91, que ya mencioné en un capítulo anterior, es un tremen-
do salmo que enfoca los sentimientos de miedo:

El que habita al abrigo del Altísimo
morará bajo la sombra del Omnipotente.
Diré yo a Jehová: Esperanza mía, y castillo mío;
mi Dios, en quien confiaré.
El te librará del lazo del cazador,
de la peste destructora.
Con sus plumas te cubrirá,
y debajo de sus alas estarás seguro;
escudo y adarga es su verdad.
No temerás el terror nocturno,
ni saeta que vuele de día,
ni pestilencia que ande en oscuridad,
ni mortandad que en medio del día destruya.
Caerán a tu lado mil,
y diez mil a tu diestra;
mas a ti no llegará.
Ciertamente con tus ojos mirarás
y verás la recompensa de los impíos.
Porque has puesto a Jehová, que es mi esperanza,
al Altísimo por tu habitación,
no te sobrevendrá mal,
ni plaga tocará tu morada.
Pues a sus ángeles mandará acerca de ti,
que te guarden en todos tus caminos.
En las manos te llevarán,
para que tu pie no tropiece en piedra.
Sobre el león y el áspid pisarás;
hollarás al cachorro del león y al dragón.
Por cuanto en mí ha puesto su amor, yo también lo libraré;
le pondré en alto, por cuanto ha conocido mi nombre.

Me invocará, y yo le responderé;
con Él estaré yo en la angustia;
lo libraré y le glorificaré.
Lo saciaré de larga vida,
y le mostraré mi salvación.

Enfóquese en pasajes en los cuales varios personajes bíblicos enfrentaron el miedo. Observe la manera en que Dios trató con ellos y cómo los dirigió. Por ejemplo: Moisés sintió miedo de regresar a Egipto (véase Éxodo 3). Ester sintió miedo de confrontar a Amán (véase Ester 3-5).

Aprenda de memoria versículos que hablan del deseo de Dios de que usted camine en fe. Sature su mente con pasajes que levanten su fe.

5. ALABE AL SEÑOR

A medida que lee y pronuncia la Biblia acompañe la verdad de la Palabra de Dios con su franca alabanza habitual.

He aquí tres de mis pasajes favoritos para usar en la confrontación del temor:

- Mi fortaleza y mi cántico es Jehová,
  Y Él ha sido mi salvación (Salmo 118.14).

- Voz de júbilo y de salvación hay en las tiendas de los justos.
  La diestra de Jehová hace proezas.
  La diestra de Jehová es sublime.
  La diestra de Jehová hace valentías.
  No moriré, sino que viviré,
  y contaré las obras de Jehová (Salmo 118.15-17).

- Te exaltaré, mi Dios, mi Rey,
  y bendeciré tu nombre eternamente y para siempre.

Cada día te bendeciré,
y alabaré tu nombre eternamente y para siempre.
Grande es Jehová, y digno de suprema alabanza;
y su grandeza es inescrutable (Salmo 145.1-3).

6. DÉ UN PASO POSITIVO

A menudo Jesús pedía a quienes liberaba o sanaba que hicieran una acción positiva como parte de su liberación o sanidad. A un paralítico, por ejemplo, le dijo que tomara su lecho y se fuera del estanque de Betesda. A un ciego le dijo que se lavara en el estanque de Siloé.

Creo que para una persona es muy importante confrontar el miedo dando un paso positivo en fe. Haga algo que le proporcione una experiencia en la cual Dios pueda revelarle que Él es más grande que el temor que usted ha sentido.

Recientemente oí hablar de una mujer que tenía un miedo irracional a caminar sobre las rejillas de las aceras de San Francisco. Temía que si caminaba sobre las rejillas, estas se desplomaran y cayera al vacío. La mujer le pidió al Señor que la librara de este miedo, y sintió en su espíritu que Dios le hablaba: «Ve y camina conmigo». Ella salió a la calle, sabiendo que el Señor quería que caminara sobre todas las rejillas que encontrara. Después de caminar sobre siete rejillas regresó a su apartamento y volvió a sentir en su espíritu que el Señor le hablaba: «Camino contigo dondequiera que vayas».

La mayoría de las personas conocen la historia de David y Goliat. Pero uno de los hechos importantes de la historia que muchos pasan por alto es este: David *corrió* hacia Goliat. Corrió con *fe* basada en que Dios lo había librado antes de un oso y un león. Corrió con *confianza*, sabiendo que el Señor le había dado la habilidad tanto de correr rápido como de usar con destreza una honda. Corrió con *sabiduría*, sabiendo que había escogido exactamente las piedras adecuadas.

Cuando recuerda su vida, sin duda encuentra muchas ocasiones en que Dios ha estado a su lado en circunstancias espantosas. Él ya lo ha liberado antes. Le ha dado ciertas habilidades y fortalezas. Él promete en su Palabra darle sabiduría si tan solo se la pide. A veces necesita confrontar una situación aterradora de una manera muy práctica y directa. Corra hacia lo que le causa temor confiando en Dios mientras lo hace. Es bueno aprender de memoria las palabras de David: «Vengo a ti en el nombre de Jehová de los ejércitos… Jehová te entregará hoy en mi mano… porque de Jehová es la batalla» (1 Samuel 17.45-47).

7. TOME UNA DECISIÓN

Llegue a la firme decisión de que usted no vivirá con temor. Tome la decisión de creerle a Dios. Sí, creerle más de lo que cree en sus emociones.

Quizás usted no llegue al punto de tener inmediatamente *total* fe y confianza. Para que la fe crezca se necesitan tiempo, pruebas y ver que Dios es fiel en situación tras situación, en crisis tras crisis, en circunstancia hiriente tras circunstancia hiriente. Nuestra fe y nuestra confianza en el Señor crecen con el tiempo, a medida que Dios nos revela su fidelidad. Sin embargo, puede comenzar a actuar en su decisión de tener fe diciéndole al Señor cada vez que siente miedo: *Dios, tú estás en control de mi vida, no solo a veces sino todo el tiempo.*

Tome también la decisión de no asustarse de Dios. El concepto que de niño tuve del Señor fue que Él era un juez severo sentado en el cielo, esperando solo que yo cometiera una equivocación para castigarme. Intentaba seriamente agradarle, y mucho de mi tiempo de niño pensé que lo hacía bien. Vivía con temor de que Dios me mandara una terrible enfermedad o de que muriera en un horroroso accidente. Me imaginaba algo terrible, malo de verdad, ¡el juicio más sangriento y espantoso!

Ahora cuando pienso en mi amoroso Padre celestial, mis pensamientos son todo lo contrario. No lo veo como un juez sino como sustentador, protector, proveedor y preservador de mi vida. Sé que me perdona si peco y que estoy eternamente seguro de mi salvación.

Sé que su deseo para mí siempre es algo que repercutirá en mi beneficio eterno.

Tome la decisión de que creerá en Dios, quien lo ama, le da lo que necesita, lo cuida, siempre está a su disposición y está en control de su vida todo el tiempo. Tome la decisión de confiar en Él.

Mientras hace eso, no tengo la menor duda de que Dios puede desvanecer sus temores paralizantes, de manera que usted pueda experimentar la profundidad de la paz perdurable del Señor.

TRECE

CÓMO APRENDER A VIVIR CONTENTO

Una mañana desperté en un campamento en las alturas de las montañas rocosas canadienses después de casi dos semanas de tomar fotografías en una de las regiones más majestuosas y hermosas del mundo. Conmigo había varios hombres de mi iglesia. Habíamos disfrutado un agradable tiempo de comunión espiritual, así como una maravillosa aventura en una región casi deshabitada. Me apenaba ver que la experiencia llegaba a su fin, pero también esperaba volver a mi programa de predicación en Atlanta.

Pasamos gran parte del día deshaciendo el campamento y viajando a la ciudad, donde pasaríamos la noche antes de volar a casa. Cuando entré al hotel, una de las primeras cosas que la recepcionista nos dijo fue: «Tienen problemas en casa».

De inmediato nos miramos unos a otros con preocupación. Nuestras mentes corrieron hacia nuestras familias.

La recepcionista pareció leer nuestras mentes: «No se trata de sus familias. Están atacando a su nación».

Subimos rápidamente las escaleras y nos reunimos en uno de los cuartos para encender la televisión. En la pantalla estaba la imagen de un edificio muy alto incendiándose, y entonces la siguiente imagen era de gente que se lanzaba de los pisos superiores.

Yo miraba conmocionado la noticia que comenzaba a desarrollarse mientras varios reporteros recapitulaban los acontecimientos del día 11 de septiembre de 2001. Se necesitaron dos horas para narrar toda la historia. Dos aviones se habían estrellado contra las torres gemelas del World Trade Center y posteriormente los edificios se habían derrumbado. Se temía que hubiesen muerto miles de personas. Aparentemente miles más habían salido corriendo entre la enorme nube de polvo y escombros, y habían escapado con heridas desde leves hasta graves. Un tercer avión se estrelló en el costado del Pentágono y había estallado en llamas, matando una cantidad incalculable de personas. Un cuarto avión, que según algunos pronósticos se dirigía al Capitolio o a la Casa Blanca, se había estrellado en un campo de Pensilvania. Al vicepresidente y a líderes gobernantes clave los habían llevado a sitios seguros en varias partes de los EE.UU. Nuestra nación estaba claramente bajo ataque de terroristas.

Aproximadamente una semana después me encontraba parado en la Zona Cero. Igual que mucha gente que estuvo en ese sitio, casi no podía comprender la magnitud de la devastación que tenía ante mis ojos. Una cosa es ver una tragedia que, a lo sumo, tiene sesenta centímetros en una pantalla de televisión, y otra es pararse frente al equivalente de diez pisos de metal retorcido y de concreto, con humo aún saliendo de las montañas de escombros ardientes.

Sentí una ola de emociones:

- Tristeza y dolor.

- Ira.

- Desesperación.

- Indefensión.

- Vacío.

- Soledad.

- Incertidumbre.

También tuve una sensación general de presión que no podía identificar, quizás aflicción, tal vez conmoción, posiblemente saber que la vida en nuestro país había cambiado en maneras que aún no podíamos comprender.

Mientras escuchaba a los bomberos, voluntarios y miembros de las familias de las víctimas y sobrevivientes que contaban sus historias, oí que se expresaban aún más emociones:

- Confusión.

- Temor y preocupación por la seguridad.

- Remordimiento por no haber dado un saludo final, no haber pedido perdón o no haber tenido la oportunidad de manifestar sentimientos de amor.

- Honra y orgullo ante la labor de los valientes trabajadores de rescate.

- Desánimo ante la enormidad de la tarea que había por delante.

- Dudas de que la vida volviera a tener alguna vez momentos de alegría.

Como muchas otras personas, en los días siguientes a ese viaje tuve problemas en concentrarme o enfocarme en ciertas tareas. Sentí que tenía muy pocas provisiones de energía y creatividad. Anhelaba escapar de la realidad de lo que había ocurrido y regresar a la vida que todos habíamos conocido solo semanas antes, la cual parecía más sencilla, más segura y menos vulnerable. Extrañaba el contentamiento; es decir, volver a experimentar una paz duradera. Me di cuenta de que, como nación, tendríamos que volver a aprender a contentarnos y a sentir satisfacción.

Un hecho que muchas personas no reconocen es que aprender a vivir en un estado de satisfacción es un proceso de crecimiento, madurez y aprendizaje. Dar pasos para recuperar nuestra paz después de la tragedia es parte del proceso de aprendizaje.

Un ejemplo de contentamiento aprendido

A principios de este libro describí la situación del ya anciano apóstol Pablo: encarcelado, encadenado a guardias y, sin embargo, capaz de escribir a la iglesia en Filipos. Decidió escribir acerca de la importancia de estar llenos de gozo y no de ansiedad, de orar en toda situación (sí, aun en momentos de tribulación) con fe en que la poderosa presencia de Dios los protegería. Escribió sobre cómo deberían vivir con la paz de Dios llenando sus corazones y sus mentes. ¡Qué carta para sus compañeros creyentes!

Nada en la carta de Pablo insinuaba en lo más mínimo que estaba atribulado en espíritu por su circunstancia. No hay asomo de enojo, el cual se pudo haber esperado, puesto que estaba encarcelado injustamente. No hay insinuación de frustración por no poder salir y predicar con libertad como antes lo había hecho. No hay atisbo de temor, aun cuando su vida estaba en peligro inminente. Al contrario, su carta está llena de contentamiento, gozo y *paz*.

Pablo se refiere dieciséis veces en esta carta al «gozo del Señor». Luego, como para concluir todo lo que había dicho acerca del *gozo* en medio del sufrimiento, dijo:

He aprendido a contentarme, cualquiera que sea mi situación. Sé vivir humildemente, y sé tener abundancia; en todo y por todo estoy enseñado, así para estar saciado como para tener hambre, así para tener abundancia como para padecer necesidad. Todo lo puedo en Cristo que me fortalece» (Filipenses 4.11-13).

El apóstol Pablo había *aprendido* a estar contento. Al admitir eso a los filipenses estaba admitiendo que no siempre había estado contento. Había sufrido un proceso de aprendizaje para llegar al punto en que pudo decir: «He aprendido a contentarme, cualquiera que sea mi situación» (versículo 11).

Pablo enfrentó luchas internas y externas en su vida. Estas luchas podrían haber alterado y destrozado incluso el nivel más fuerte de paz que alguna vez una persona hubiera sentido.

UNA LUCHA EXTERIOR

Pablo experimentó enormes dificultades en sus viajes y en su predicación del evangelio. Las enumeró en una carta a la iglesia de Corinto:

- Cinco veces recibió treinta y nueve azotes a manos de los judíos.

- Tres veces fue golpeado con varas.

- Una vez fue apedreado.

- Tres veces naufragó, y en una de esas ocasiones estuvo en el agua toda una noche y un día.

- A menudo se arriesgó a caer en manos de ladrones, en peligros originados por sus compatriotas y en peligros iniciados por gentiles.

- Con frecuencia enfrentó peligros en sus viajes, entre ellos tormentas marinas que amenazaban hundir el barco en el que navegaba.

- Frecuentemente estuvo en prisión.

- Frecuentemente enfrentó la posibilidad de morir.

- Sabía lo que significaba estar sin dormir, hambriento, sediento, con frío y sin suficiente abrigo en incontables ocasiones.

- Sabía el significado de ser criticado, acusado falsamente, citado incorrectamente, malinterpretado y rechazado (véase 2 Corintios 11.23-29).

UNA LUCHA INTERIOR

Pablo escribió a los romanos acerca de las luchas internas que enfrentaba: Admitió que a menudo no hacía lo que quería hacer, y que a veces hacía lo que deseaba evitar. Sin embargo, descubrió que había una solución en Cristo; concretamente, ceder nuestras vidas por completo a Él, lo que trae como resultado la ministración poderosa del Espíritu Santo en nosotros, el cual nos ayuda en nuestro camino.

Es como si momento a momento nos hiciéramos conscientes de que Cristo vive en nosotros por la presencia del Espíritu de Dios, por lo tanto tenemos un deseo cada vez mayor de obedecerle y de correr hacia Él rápidamente en busca de perdón cada vez que somos conscientes de que le hemos desobedecido. Mientras más obedecemos al Señor, más fácil es confiar en Él. Mientras más confiemos en él, mayor paz sentimos.

Pablo aprendió a estar contento en todas estas circunstancias variadas y difíciles, en estas luchas internas y externas, porque aprendió a confiar en Dios. Así sucede cuando confiamos en Dios. Logramos contentamiento a través de aprender a confiar en el Señor.

Esta es una de las lecciones más grandes en que se puede instruir mientras aprende a vivir contento: Usted tiene el poder de *responder* a cualquier situación, no solamente de reaccionar ante ella. El poder

> **Mientras más obedecemos al Señor, más fácil nos es confiar en Él. Mientras más confiemos en Él, mayor paz sentimos.**

del Espíritu Santo que reside en su interior lo capacitará siempre para confrontar un problema con fe y sabiduría si solo confía en él.

CUATRO CLAVES PARA VIVIR CON CONTENTAMIENTO

Para vivir en un estado perdurable y confiado de contentamiento interior es necesario hacer varias cosas. Primero, un mensaje para quien tiene relación con alguien que parece traerle descontento en lugar de paz y satisfacción. Tal vez usted esté viviendo una situación en que la otra parte no está dispuesta a darle amor o amistad incondicional. En otras palabras, desde su perspectiva, siempre parece haber un *si* condicional antes de la promesa «si haces esto, podríamos...» o «si estás de acuerdo, entonces quizás...» En esta clase de relación usted debe aplicar la clave Nº 1:

CLAVE Nº 1: ELIMINE LOS VÍNCULOS CONDICIONALES
Reconozca que no puede hacer nada para que otra persona lo ame incondicionalmente. O lo ama o no lo ama. No hay cómo ganar un amor incondicional. No hay un número de luchas que ganen un amor incondicional. No hay fórmulas o prescripciones que aseguren el amor incondicional de otra persona. Es más, ¡las mismas palabras *ganar* y *luchar* se aplican al amor *condicional!*

Lleva mucho tiempo superar la permanencia en una relación con alguien que da amor condicional, especialmente si esa persona es uno de los padres o un cónyuge.

Quienes han vivido durante años con alguien que los amó condicionalmente casi siempre sospechan de la frase *te amo*. De un modo u otro, tienden a preguntar *¿Por qué?* Quieren saber qué está esperando la persona, por qué está diciendo *te amo*, y qué es lo que ella desea para mantener ese sentimiento de afecto.

La frase *te amo* podría provocar una respuesta como: «Bueno, debo haber hecho algo *bien*; déjame imaginar de qué se trata para poder seguir haciéndolo». A veces la respuesta podría ser: «Probablemente esté a punto de oír un "pero" al final de esa frase», en otras palabras, *te amo, pero*...

Quien está acostumbrado al amor condicional es alguien que no puede estar completamente tranquilo en una relación. Siempre existe la posibilidad de cometer una equivocación, de fallar o de desilusionar de algún modo a alguien.

El resultado es una tensión y ansiedad duraderas. En otras palabras, una falta de paz.

El otro lado de la moneda es que es muy difícil tener una relación con una persona que nunca ha sentido el amor incondicional, que no sabe expresar amor, que no sabe cómo recibir amor ¡y que ni siquiera conoce estos aspectos básicos para una profunda amistad o un buen matrimonio!

Cuando está libre de las ataduras de luchar para ser perfecto ante los ojos de otra persona se encuentra entonces en posición de intentar activamente ser *restaurado* ante los ojos de Dios. Durante años uno de mis amigos oyó decir a su familia: «Ciento por ciento no es suficiente para nuestra familia; tienes que obtener ciento diez por ciento». ¡Qué carga para que un niño soporte durante su crecimiento!

Sin embargo, cuando estas expectativas falsas y perjudiciales se reconocen por lo que son, entonces se les puede rechazar o modificar. ¿El resultado? Ya no es otra persona la que establece la norma de perfección en la vida. Al contrario, cuando un individuo logra comprender los caminos de Dios y las perspectivas en la vida, estas no son una carga ni son onerosas. Las Escrituras dicen: «Mi yugo es fácil y ligera mi carga».

Vuélvase a Dios en busca de su amor incondicional. Todos debemos abrir nuestros corazones al amor incondicional de Dios. Nadie podrá contener alguna vez todo el amor que fluye del Señor hacia nosotros. Pero podemos tener más disposición de corazón para recibir más de su amor.

¿Cómo? Examine lo que dice la Palabra de Dios acerca de su amor. Cuando lea un pasaje de la Biblia acerca del amor del Señor, dígale a Dios: *Sé que me amas exactamente de ese modo. Ayúdame a no olvidarlo. Ayúdame a vivir con esa verdad.*

Pida al Señor que le ayude a experimentar su amor en una nueva manera. Permanezca ante él. Ábrale su corazón. Pídale que le hable y que le permita sentir su presencia íntima. De este modo aprenderemos a contentarnos, y como consecuencia, nuestros corazones tendrán paz.

Busque amistades que amen incondicionalmente. Otra cosa que podemos hacer cuando estamos atrapados en la prensa de tratar de ganar amor condicional es buscar personas que sepan cómo amar de modo incondicional. De ningún modo estoy animando a un cónyuge a buscar amor, afecto o una relación sexual con alguien del sexo opuesto. Más bien abogo por *amistades* piadosas con guías y coetáneos del mismo sexo que puedan ofrecer amor incondicional.

Busque personas que acepten quién es usted como hermano o hermana en Jesucristo, y que busquen ayudarle a ser quien Dios desea que sea, pero que no le presionen a *actuar bien* para continuar siendo sus amigos. Busque personas en quienes pueda confiar sus equivocaciones y fallas, que no le critiquen por ellas, pero que le ayuden a ver que el deseo de Dios es que usted viva en un nivel aun más alto de excelencia moral y de carácter piadoso.

Quizás solo encuentre un amigo o guía así. Es suficiente. Usted es afortunado de veras si puede desarrollar un pequeño círculo de tales amistades.

Por sobre todo, decida dar amor incondicional a cambio. Manténgase fiel a esa amistad tanto en las buenas como en las malas. Permita que esa persona le haga partícipe de todos sus pensamientos y sentimientos, sin juzgar. Cuando amamos de este modo, a la vez *somos* amados.

CLAVE N° 2: PONGA TODAS SUS ANSIEDADES EN EL SEÑOR

Para que usted viva con contentamiento, más que recibir el amor incondicional de Dios y de los demás debe poner continuamente *todas* sus ansiedades en el Señor.

La Biblia nos dice que echemos todas nuestras ansiedades sobre Dios, porque él cuida de nosotros (véase 1 Pedro 5.7). ¿Cómo echamos nuestra ansiedad sobre el Señor?

Ore. En primer lugar, reconocemos ante Dios nuestra ansiedad y nuestra necesidad de paz. Confiese cualquier pecado que crea que esté asociado con su ansiedad. Dígale al Señor: «Necesito tu ayuda. Necesito tu presencia, tu consuelo y tu provisión». Nuestra respuesta inicial cuando la ansiedad nos golpea debe ser mirar hacia el cielo y clamar: «¡Padre!»

Jesús iba frecuentemente ante el Padre en oración. En los relatos del evangelio leemos cómo Jesús dejaba a sus discípulos para estar a solas con Dios, orando a menudo temprano en la mañana antes del amanecer (véase Marcos 1.35).

La oración aleja su enfoque del problema y lo pone en Aquel que puede darle la respuesta, la solución o el próximo paso a seguir. La oración quita el enfoque de usted (y de su dolor y confusión) y lo pone en el Padre, quien todo lo conoce, todo lo controla, tiene todo poder y es todo amor.

Encuentro de lo más interesante que se nos exhorte a hacer conocer a Dios nuestras peticiones. Debemos ir valientemente ante nuestro Padre celestial con nuestras solicitudes específicas. Las Escrituras nos animan a acercarnos «confiadamente al trono de la gracia, para alcanzar misericordia y hallar gracia para el oportuno socorro» (Hebreos 4.16). Más adelante la Biblia nos enseña: «Esta es la confianza que tenemos en él, que si pedimos alguna cosa conforme a su voluntad, él nos oye. Y si sabemos que él nos oye en cualquier cosa que pidamos, sabemos que tenemos las peticiones que le hayamos hecho» (1 Juan 5.14-15).

Además, se nos exhorta a ofrecer nuestras oraciones con acción de gracias. La acción de gracias transporta nuestras mentes desde nuestros problemas hacia aquel que puede resolverlos. Al expresar nuestro agradecimiento, nuestros oídos y nuestra mente oyen lo que estamos diciendo acerca de la capacidad de Dios de proveer, proteger y preservar... entonces nuestra fe se aviva.

Usted está conectado en espíritu con aquel que tiene toda respuesta, toda solución, toda provisión y toda bendición. Su mente está reenfocada en el Dios que salva, libera, sana, redime, restaura y multiplica.

> **Usted está conectado en espíritu con aquel que tiene toda respuesta, toda solución, toda provisión y toda bendición.**

Con la acción de gracias y la alabanza llega una profunda seguridad, que a su vez crea paz en nuestros corazones.

Gracias a Dios que él es quien nos da paz, quien tiene todo poder para resolver nuestros problemas. Él posee toda la sabiduría para saber qué es lo mejor para nosotros, toda la misericordia para perdonar, todo el amor para producir lo mejor para nosotros, y todo el deseo de derrotar al enemigo, quien busca robarnos, destruirnos y matarnos.

Alabado sea Dios por quién es: nuestro Salvador, redentor, vencedor, sanador, liberador, consejero, y muchos otros atributos que encontramos en la Biblia de principio a fin.

No hay sustituto para la importancia de agradecer y alabar a fin de vivir con un profundo contentamiento interior.

Dé gracias al Señor todos los días, y a cada rato durante el día, por todo lo que Él ha hecho y está haciendo *ahora mismo* por usted.

Alabe al Señor por quién es *ahora mismo* en su vida.

Ofrezca acción de gracias y alabanza con fe. Todas nuestras peticiones, acciones de gracias y alabanzas deben estar bañadas por nuestra fe. Debemos creer verdaderamente que Dios es capaz y que está en control de todas las cosas. Debemos creer verdaderamente que Él anhela nuestro bien eterno. Debemos creer verdaderamente que es nuestra ayuda en los momentos de necesidad.

Cuando podemos vislumbrar quién es el Señor, qué es capaz de hacer, y podemos creer que desea ejercer toda la extensión de su poder, su presencia y su provisión para ayudarnos, lo menos que podemos hacer es tener fe y esperanza que brotan en nosotros para producir una paz perdurable.

Hace años me senté por un momento en la sala de espera de un hospital con una mujer que era miembro de la iglesia que yo pastoreaba. A su esposo le estaban practicando una operación grave. Ella me dijo que estaba confiando en el Señor, y luego me pidió que oráramos juntos. Le sugerí que iniciara la oración, que yo la concluiría. Ella empezó a orar, y mientras más oraba, más subía la voz y más frenética se ponía en su oración. Al poco tiempo estaba hablando con gran angustia y desesperación.

Arrodillado en la silla próxima a la de la mujer, pensé: *Esta no es una oración de fe. Es una oración llena de temor.* Todo su enfoque estaba puesto en su esposo y en la operación, no en Dios como el gran médico, como el sanador, como el restaurador, quien tenía todas las cosas bajo su cuidado soberano. Mientras orábamos de rodillas en la sala de espera del hospital, le dije a esta mujer: «Debemos enfocarnos en lo que Dios puede hacer en ese quirófano, en quién es Él y en lo que es capaz de hacer».

La dama se detuvo por un instante. Creo que inicialmente le asombró que la interrumpiera en medio de su oración, pero la verdad es que el camino que estaba tomando no era uno en el que pudiera estar de acuerdo con ella.

Comencé a orar, y la mujer se puso a llorar. Alabé a Dios por su gran amor hacia ella y hacia su esposo. Reconocí la autoridad absoluta del Señor sobre todo asunto en ese hospital. Reconocí también su sabiduría que se manifestaría en cada movimiento que hiciera el cirujano, así como su tierna preocupación por ella y por todos los miembros de su familia a través de los años. Cuando dije amén vi en los ojos de la mujer la paz de Dios, en lugar del verdadero pánico que había tenido minutos antes.

Le dije a la mujer: «Hablemos ahora de Dios, de quién es Él, de cómo ha provisto para ti y para tu esposo, y de cómo los ha protegido a lo largo de sus vidas. Hablemos del Señor, quien es nuestro Salvador. Hablemos del Espíritu Santo, quien nos llena y nos guía en cada paso».

Mientras más hablábamos de Jesús, más paz surgía.

Creo lo mismo para usted. Mientras más enfoque su mente en Jesús, y mientras más hable de Él, más paz crecerá en usted.

Cualquier cosa que pidamos a Dios…

Cualquier cosa que expresemos en acción de gracias al Señor…

Cualquier cosa que declaremos como atributos de Dios…

Debemos ofrecerla con *fe*.

Debemos creer en realidad que cuando pedimos a Dios, Él contesta.

Debemos creer de veras que Él es digno de todo nuestro agradecimiento y alabanza.

Debemos creer de verdad que Él es totalmente capaz de manejar todas las cosas según la plenitud de su plan y su propósito para nuestra vida.

Pida según la voluntad de Dios, la cual se nos clarifica en su Palabra. Cualquier promesa, provisión o principio de las Escrituras es para nosotros hoy día como lo fue para la gente de los tiempos bíblicos.

Pida a Dios confianza absoluta debido a su relación con Jesucristo.

Pida con fe pues Dios oye y contesta todas las oraciones para nuestro bien eterno y según sus propósitos (véase Santiago 1.6-7).

Pida con la esperanza de que Dios le contestará siempre de una manera sumamente afectuosa, directa y oportuna.

Clave N° 3: Permanezca en la Palabra

Al pasar épocas difíciles en mi vida, una de las grandes bendiciones de Dios para mí ha sido el hecho de que como pastor he tenido la responsabilidad de predicar con regularidad, lo cual a su vez me ha exigido mantenerme en la Palabra. No hay sustituto para la estadía cotidiana en la Palabra, leyéndola como alimento para el alma del mismo modo que alimenta a diario su cuerpo. Su Biblia es la manera principal en que Dios le habla día a día. Es el mensaje del Señor para usted: las directrices, las opiniones, el consejo, las palabras de amor y consuelo, las amonestaciones que levantan la fe y los mandamientos del Creador. Confíe en mí en esto: el Señor tiene una manera de hablarle cuando lee y medita en las Escrituras, de tal modo que usted sabe que es Él quien le habla.

> No hay sustituto para la estadía cotidiana en la Palabra, leyéndola como alimento para el alma del mismo modo que alimenta a diario su cuerpo.

Cuando azote una crisis, recuerde las promesas que se encuentran en la Biblia. Si no sabe cuáles son esas promesas, empiece hoy día a leer su Biblia y a subrayar o resaltar versículos, o haga una lista de versículos al final de la Biblia para que en cualquier crisis pueda rápidamente encontrar las promesas de Dios. Él desea estar con usted, proveerle, preservarlo, protegerlo y cambiar todas las cosas para su bien.

Aprenda de memoria la Palabra de Dios, especialmente aquellos pasajes que llevan consuelo y una esperanza especial a su corazón. No espere que llegue una crisis. Tenga un banco de versículos bíblicos alojados en su memoria para que cuando golpee la crisis el Espíritu Santo pueda llevar al instante a su mente la Palabra de Dios, aunque no tenga una Biblia a la mano.

Dígale al Señor: «Tú dices…», y concluya cuando termine de recitar cada versículo: «Sé que siempre eres fiel a tu Palabra. Confío en que la cumplas fielmente en mí ahora».

Recite versículos que haya aprendido de memoria. La Palabra de Dios dice que «la fe es por el oír, y el oír, por la palabra de Dios» (Romanos 10.17). Con firmeza creo que el nivel de su conocimiento bíblico está directamente relacionado con su capacidad de mantener la fe, la esperanza y la paz en una época problemática.

En su enseñanza y predicación, y especialmente en su trato directo con el diablo, quien llegó a tentarlo, Jesús utilizó la Palabra de Dios. Una y otra vez inició sus comentarios diciendo: «Escrito está». Con frecuencia recordó a sus discípulos la verdad de las Escrituras, diciendo cosas como «oísteis que fue dicho», «también fue dicho» o «además habéis oído» (véase Mateo 4.5).

Recite periódicamente la Palabra de Dios durante el día para reforzar la verdad de Dios en su vida: la verdad de quién es Él, quiénes somos, la relación que Él desea tener con nosotros y las relaciones que desea que tengamos con los demás.

Clave Nª 4: Encárguese de sus pensamientos

Usted puede controlar lo que piensa. Usted y solo usted tiene la capacidad y la responsabilidad de *decidir* en qué se enfocarán sus pensamientos.

Si necesita levantarse e ir a otro cuarto donde pueda hablar en voz alta con Dios y alejarse de la confusión emocional inmediata de los demás, entonces levántese y vaya.

Si debe decir a la persona al otro lado de la línea «te devolveré la llamada en algunos minutos. Ahora debo orar por esto», dígalo, cuelgue, ore y controle sus pensamientos para que cuando devuelva la llamada pueda hablar con fe.

Si debe apagar señales negativas a su alrededor (la película de horror por televisión, la música a alto volumen, los ruidos que distraen), entonces hágalo.

Muchas personas simplemente *reaccionan* a lo que sucede alrededor de ellas. Por lo general las reacciones comienzan en nuestras emociones, y el resultado es que nuestros pensamientos se ligan con estas emociones, la mayoría de las cuales son emociones negativas de temor y duda en un tiempo de grave crisis. Otros individuos reaccionan ante circunstancias muy negativas paralizándose por la confusión, la tensión y la agitación interior. ¡Ninguna de estas reacciones es la voluntad de Dios para nosotros!

El Señor nos invita a *responder* a la vida, no solamente a reaccionar ante ella. Por supuesto que podemos reaccionar en los primeros momentos de crisis o circunstancias negativas. Pero muy rápidamente debemos decirnos: *no tengas pánico. ¡Dios está en control!* Si de inmediato ha ido al Padre y ha clamado por su ayuda, agregando proclamas de agradecimiento y alabanza, y lo ha hecho con fe, entonces inmediatamente después de ese tiempo de oración, alabanza y agradecimiento debe decirle a su mente y a su corazón: ¡Cree! ¡Confía!

Hay ocasiones en que descubre que se debe *obligar* a pensar en la bondad de Dios. Enfóquese en el amor incondicional del Señor para usted y para todo aquel que pueda estar involucrado en la crisis que enfrenta. Céntrese en el poder y la capacidad del Creador para controlar toda circunstancia. Enfóquese en el oído del Señor que siempre lo escucha, y en ese ojo vigilante que siempre lo ve de día y de noche.

> El Señor nos invita a *responder* a la vida, no solamente a reaccionar ante ella.

Recuerde que mientras mayores sean sus pensamientos acerca de Dios, ¡menores son sus pensamientos acerca de su problema!

Niéguese a tenerse lástima o a caer en depresión. Más bien decida ver los brazos amorosos de Dios a su alrededor, ¡que lo llevan a la seguridad, la provisión y la paz!

MANTENGA SU ENFOQUE EN EL SEÑOR

Todo lo que he dicho en este capítulo señala hacia esta verdad central: Todo el enfoque de su vida debe estar en el Señor Jesucristo para que viva con contentamiento interior.

En mi vida he tenido cortos períodos en que un problema o una situación particular me han obligado a tener noches de insomnio en las cuales me revuelco en la cama hora tras hora. He descubierto que lo mejor que puedo hacer cuando parece que no puedo dejar de pensar en un problema, una conversación o una crítica en particular es levantarme, ponerme de rodillas y clamar a Dios: «Por favor, ayúdame en esto. Ayúdame a enfocarme en ti y solo en ti».

El sueño llega cuando mi enfoque está en el Señor y en cómo Él desea que piense o reaccione en mis emociones ante una situación en particular. El sueño es escurridizo cuando permito que mi enfoque esté en lo que los demás han dicho, en todo lo que me podría ocurrir o en la dificultad de un desafío que yace por delante. En realidad la decisión es sencilla para usted: Pensar en el Señor y en su abundante provisión, protección y amor, o pensar en todo lo que las personas y las circunstancias están intentando para robarle su provisión, intentar destruir su vida o amontonar odio sobre usted.

Pensar en el Señor produce paz en una persona. Pensar en cualquier otra cosa es por lo general un atajo hacia la ansiedad, el temor o la preocupación.

Es importante que cuando se enfoque en el Señor vea que Él está con usted en esa situación, justo en ese momento. Muchos individuos piensan sobre Dios como si estuviera lejos, en alguna parte del cielo. Otros piensan sobre el Señor como si estuviera en su futuro lejano, cuando estén más viejos o a punto de morir. No ven a Dios accesible o disponible para ellos en el presente inmediato de sus vidas. Lo cierto es que Él está a su lado en todo momento de cada día.

Vea al Señor caminando con usted en paz. El lugar más pacífico al que alguna vez he ido es el mar de Galilea. Hace años estuve en un lugar del mar que me pareció la mismísima definición de paz y tranquilidad.

Probablemente en el mundo moderno la mayoría de las personas no cree que esa región sea pacífica. Está a solo unas docenas de kilómetros de Siria y de Líbano. La gente tiende a pensar de Israel como un punto conflictivo en el mundo, un lugar prácticamente sin nada de paz.

Sin embargo, allí sentí una gran paz. ¿Por qué? Porque allí sentí al Señor. Sentí su presencia. Era consciente de su asombroso poder y autoridad sobre mi vida.

Para mí es muy fácil cerrar los ojos y ver al Señor caminando a mi lado por el mar de Galilea. También encuentro muy fácil y provechoso imaginar al Señor caminando a mi lado en muchos ambientes naturales hermosos que he experimentado en los Estados Unidos y en otras naciones.

Me gusta caminar por una playa del océano, escuchar el ritmo de las olas y sentir la arena debajo de mis pies.

Me gusta volar en avioneta como el único pasajero. Cuando el avión despega, me desconecto del ruido de los motores, me relajo y siento una perfecta paz, sin preocupaciones, sin trabajo, sin responsabilidades, sin presión, sin sonidos de teléfonos.

Me gusta especialmente salir de excursión o cabalgar en las montañas. La tranquilidad y la soledad de estar en lo alto de las montañas son especiales para mí, sin que haya a la vista nada hecho por el hombre, sin contaminación, solo una calma espectacular. En la noche las estrellas están tan cerca que casi las podría revolver con una cuchara.

No son estos *ambientes* los que me dan paz, sino la conciencia de Dios que siento en mi corazón al encontrarme allí. Cuando estoy en la cumbre de las montañas, quizás en una pequeña pradera o en un lago en lo alto de un cerro, rodeado por cimas, caminando completamente solo, tengo una fuerte sensación de: «Dios, solo tú sabes dónde estoy. Pero lo sabes. Tú me conoces. Sabes dónde estoy; y te conozco».

Es esa sensación de «Dios conmigo» que para mí es importante recobrar, imaginar y ver con ojos espirituales en tiempos difíciles en mi vida.

Meditemos en *cómo llevar una vida centrada en Cristo.* Una persona egocéntrica es alguien que piensa: *mis necesidades, mis deseos, mis anhelos y mis ideas se deben suplir, desarrollar y cumplir.* Tal sujeto tiende a hablar sin parar acerca de «mi carrera, mis logros, mis premios, mi auto, mi casa, mi ropa, mis vacaciones, mi placer, mi, mi, mi». Los mejores amigos de un egocéntrico son *mi, para mí* y *yo.* Tal persona casi siempre es muy insensible a los demás y un manipulador de personas y situaciones. Cree que el mundo en realidad *debería* girar a su alrededor.

Lo opuesto de ser egocéntrico es estar centrado en Cristo, es decir: «Quiero lo que Cristo quiere. Deseo lo que complace a Cristo».

Lo mismo es cierto, amigo mío, en su relación con Jesucristo. Para entrar en una profunda relación con Él tendrá que dejar a un lado ambición y deseos personales, tiempo, recursos materiales y económicos, y energía. Si de veras ha de tener comunión con Él, tendrá deseos de ser receptivo y de *darse* de verdad en todos los aspectos de sí mismo.

Jesús dijo: «Dad, y se os dará; una medida buena, apretada, colmada y rebosante será derramada en vuestro regazo; porque con la misma medida con que medís, os volverán a medir» (Lucas 6.38). A menudo pensamos que ese versículo solo se refiere al dinero y las posesiones materiales. Jesús quiso decir mucho más Habló de darse *a sí mismo* y de dar todo lo que hay dentro de su poder de dar. Habló de dar tiempo, dar talento, dar recursos, dar palabras de ánimo, dar su presencia, y dar oraciones. Habló de todo lo que puede darle a Él o dar en el nombre de Jesús a los demás.

Qué gloriosa promesa está contenida en lo que Jesús dijo acerca de dar. Cuando usted da, recibirá «medida buena, apretada, colmada y rebosante». Lo que recibe será en cantidades rebosantes. El nivel de su generosidad al dar será lo que determine el nivel de su abundancia al recibir.

Muéstreme a alguien que rebose en amistad generosa hacia otra persona y le mostraré un individuo rico en amistades.

Muéstreme a alguien que sea sumamente generoso en dar parte de su tiempo a otras personas y le mostraré una persona que siempre tiene gente allí en sus momentos de necesidad.

Muéstreme a alguien que no alcance a dar lo suficiente de sí mismo para promover el llamado específico a servir que Dios ha puesto en su vida y le mostraré una persona con un sentido fabuloso de propósito y de realización.

La persona que no da es alguien que no recibe. Tal sujeto no puede experimentar la paz.

Amigo, Jesús es la fuente de su contentamiento. Usted experimentará paz cuando por fe entre en una relación personal con Jesús.

Acerca del Autor

EL DR. CHARLES STANLEY es pastor de la Primera Iglesia Bautista en Atlanta, Georgia, que cuenta con quince mil miembros. Además es presidente y ejecutivo en jefe de Ministerios en Contacto. Dos veces ha sido elegido presidente de la Convención Bautista del Sur y es conocido internacionalmente por su ministerio de radio y televisión EN CONTACTO. Entre sus muchos libros publicados figuran *Caminemos sabiamente*, *Cuando la tragedia ocurre*, *Manual de Charles Stanley para la vida cristiana*, *Un toque de su poder*, *Nuestras necesidades no satisfechas*, *Fuente de mi fortaleza*, *El éxito a la manera de Dios* y *Cómo escuchar la voz de Dios*.